crumbles
gratins et cie

crumbles
gratins et cie

ELLE à table

INTRODUCTION

Il est question dans ce livre de recettes qui cuisent longuement au four, à couvert d'une croûte. Que celle-ci soit chapelée ou gratinée, qu'elle s'étire ou qu'elle s'émiette, cette écaille préserve les textures, protège les liquides et les arômes des rigueurs de la température. L'esprit crumble, ce sont bien sûr les clafoutis, mais aussi les gratins, les fondues et les tartiflettes, les hachis, les brandades, les parmigianes italiennes, les pies britanniques. Tandis que le dessus se durcit comme une coquille, il boucle des fumets qui se tournent autour, combinent entre eux, creusent des réseaux de tunnels sans jamais s'évader.

SOMMAIRE

CRUMBLES ET CLAFOUTIS

crumble
pommes, oignons et curry

pour 4 personnes
préparation 15 mn
cuisson 35 mn

2 bottes d'oignons nouveaux
(environ 20 oignons)
4 pommes belles de Boskoop
1 c. à café de pâte de curry
25 cl de lait de coco
10 brins de coriandre fraîche
2 c. à soupe d'huile d'olive

Pour la pâte
100 g de flocons d'avoine
60 g de beurre
60 g de parmesan râpé
30 g de graines de sésame grillées

• Coupez les pommes en dés et les oignons
en 2.

• Faites revenir les oignons dans l'huile d'olive
jusqu'à ce qu'ils dorent.

• Ajoutez les dés de pommes, le curry et le lait
de coco, faites cuire pendant 1 mn. Parsemez
de coriandre ciselée, salez, poivrez.

• Préparez le crumble en mélangeant les flocons
d'avoine avec le beurre, le parmesan, les
graines de sésame et du sel.

• Graissez un plat à gratin, étalez les pommes et
les oignons, couvrez avec la pâte à crumble et
mettez à four chaud (th. 6-7/200 °C) pendant
35 mn. Servez très chaud.

*Si vous n'aimez pas le goût du lait de coco,
remplacez-le par de la crème fraîche.*

crumble
de tomates

pour 6 personnes
préparation 30 mn
cuisson 1 h 30 mn

1,5 kg de tomates
100 g de farine
100 g de beurre salé
75 g de grosse chapelure
75 g de parmesan râpé
30 g de pignons
1 fromage de chèvre frais
10 cl de crème liquide
5 c. à soupe d'huile d'olive
thym, romarin

• Pelez et épépinez les tomates, et coupez-les
en 4. Disposez-les dans un moule en terre huilé.
Salez, poivrez, parsemez de thym et de romarin
ciselé, arrosez d'huile d'olive. Faites cuire au four
préchauffé à th. 4/120 °C pendant 1h.

• Pendant ce temps, préparez la pâte. Mélangez
rapidement la farine, la chapelure, la moitié
du parmesan râpé avec le beurre ramolli.
Ajoutez 1 à 2 c. à soupe d'huile d'olive,
jusqu'à ce que la pâte soit granuleuse comme
une pâte à crumble. Répartissez sur les tomates.
Parsemez de pignons, d'un peu de thym
et de romarin, du restant de parmesan et arrosez
de 1 filet d'huile d'olive.

• Faites cuire au four préchauffé à th. 7/210 °C
pendant 20 à 30 mn, jusqu'à ce que le crumble
soit doré et croustillant.

• Fouettez la crème liquide bien froide et
mélangez-la avec le fromage de chèvre frais.
Servez le crumble tiède avec la crème bien
froide.

*Le temps de cuisson nécessaire pour sécher
les tomates dépend de leur degré d'humidité.
Lorsque vous parsemez la pâte à crumble,
il ne doit plus y avoir d'eau du tout sur
les tomates.*

crumbles
de tomates vertes au thé sur le Nil

pour 4 personnes
préparation 10 mn
cuisson 25 mn

1 c. à soupe rase de thé sur le Nil
4 belles tomates vertes
8 étoiles d'anis (badiane)
2 c. à soupe d'huile

pâte à crumble
150 g de farine
100 g de beurre mou
20 g de sucre

• Préchauffez le four à th. 6/180°C.

• Versez la farine et le sucre dans un saladier. Ajoutez le beurre coupé en morceaux et 1 pincée de sel. Malaxez jusqu'à obtenir des petites miettes. Étalez les miettes sur une plaque et faites-les cuire au four jusqu'à ce qu'elles prennent une belle couleur dorée.

• Pendant ce temps, plongez les tomates 30 s dans de l'eau bouillante. Épluchez-les, coupez-les en 6 et évidez-les. Faites-les sauter au wok, dans l'huile, avec les étoiles d'anis et le thé sur le Nil, salez et poivrez.

• Déposez les tomates anisées dans 4 ramequins. Recouvrez-les de miettes de crumble déjà cuites et passez-les au four 5 mn. Servez aussitôt.

crumble
de loup, amandes,
agrumes et gingembre

pour 4 personnes
préparation 20 mn
repos 24 h
cuisson 20 à 30 mn

4 pavés de loup (ou bar) sans leur peau,
de 180 g chacun environ
1 belle échalote
1 gousse d'ail
100 g de crème liquide
100 g de beurre
100 g de sucre roux
1 c. à soupe de fécule
200 g d'amandes émondées
1 grosse noix de gingembre frais
1/2 orange non traitée
5 cl d'huile d'olive

• La veille, concassez les amandes. Mettez-les
dans une casserole avec la crème, le beurre,
le sucre, la fécule, la gousse d'ail pelée,
dégermée et pressée, et les 2/3 du gingembre
râpé. Portez le tout à ébullition. Retirez dès
les premiers bouillons. Laissez refroidir et mettez
au frais jusqu'au lendemain.

• Le jour même, préchauffez le four à
th. 6-7/200 °C.

• Étalez la préparation aux amandes sur une
plaque antiadhésive et mettez au four jusqu'à
obtention d'une couleur caramel, en surveillant.
Laissez refroidir le crumble.

• Hachez le loup en petits dés, mélangez-les
à l'échalote hachée finement et au reste
de gingembre râpé.

• Lavez l'orange, essuyez-la. Râpez son zeste et
ajoutez-le. Salez, poivrez et versez l'huile en filet.

• Répartissez le poisson sur des assiettes froides
et émiettez dessus le crumble d'amandes. Servez
avec une salade de mesclun.

*Le poisson doit être d'une fraîcheur
irréprochable.
On peut aussi poêler rapidement les pavés
de loup entiers avec leur peau et servir avec
un beurre aux gingembre et zestes d'orange.*

crumble de loup, amandes, agrumes et gingembre

crumble
aux prunes

pour 6 personnes
préparation 20 mn
cuisson 30 mn

400 g de prunes environ
(selon leur taille et celle du plat)
100 g de beurre
100 g de farine
80 g de sucre roux
1 c. à café de cannelle

• Mettez les prunes dénoyautées dans un plat beurré.

• Étalez dessus le mélange de beurre émietté, farine, sucre roux et cannelle.

• Passez au four 30 mn environ à th. 6/180 °C.

crumble
melon-abricot

pour 6 personnes
préparation 20 mn
cuisson 35 mn

1 beau melon pas trop mûr
400 g d'abricots
50 g de sucre roux
50 g de beurre

Pour la pâte à crumble
200 g de farine
150 g de beurre salé
75 g de sucre roux
3 c. à soupe de corn flakes
30 g de pignons

• Épluchez le melon, prélevez la chair et coupez-la en cubes. Ôtez les noyaux des abricots et coupez-les en 2 ou en 4 selon leur grosseur.

• Dans une poêle, faites sauter sur feu vif le melon et les abricots avec le beurre et le sucre pendant 3 mn. Versez dans un moule beurré.

• Préchauffez le four à th. 7/210 °C. Préparez la pâte : mélangez rapidement le beurre, le sucre et la farine jusqu'à ce que vous obteniez une pâte granuleuse ; répartissez sur les fruits. Parsemez de corn flakes et de pignons et faites cuire au four 30 mn. Servez tiède.

Les corn flakes apportent un côté croquant croustillant très agréable avec le moelleux des fruits.

clafoutis
pommes et amandes

pour 6 personnes
préparation 20 mn
cuisson 30 mn

5 pommes reinette
2 œufs entiers + 1 jaune
50 g de sucre semoule
25 g de farine
25 g de poudre d'amandes
20 cl de lait
10 cl de crème liquide
1 noix de beurre
sucre roux pour dorer le clafoutis

• Fouettez les œufs entiers et le jaune avec
le sucre, jusqu'à ce que le mélange blanchisse.

• Ajoutez la farine et la poudre d'amandes.
Versez le lait et la crème, en fouettant.

• Allumez le four à th. 6/180 °C. Beurrez
un moule à tarte en porcelaine à feu de 26 cm.
Pelez les pommes et coupez-les en 2, retirez
le cœur. Avec un couteau, quadrillez la surface
des fruits de quelques entailles. Posez
les pommes bien serrées les unes contre
les autres dans le plat, côté coupé contre
le fond, et nappez-les de la préparation à la
poudre d'amandes.

• Glissez le plat au four et laissez cuire 30 mn,
jusqu'à ce que le clafoutis soit blond.

• Éteignez le four et allumez le gril. Parsemez
le clafoutis de sucre roux et laissez-le légèrement
caraméliser, assez près du gril. Servez
le clafoutis tiède.

*Pour un clafoutis encore plus fruité, ajoutez
dans la pâte quelques gouttes d'extrait
d'amande amère, du kirsch ou du Grand
Marnier. Choisissez des pommes qui
tiennent bien à la cuisson : reine des reinettes,
gala, etc.*

clafoutis
de ma grand-mère

pour 4 personnes
préparation 10 mn
cuisson 30 mn

500 g de cerises
7 c. à soupe de farine
4 œufs entiers
1/4 l de lait entier
1 sachet de levure
50 g de beurre
40 g de sucre

• Mélangez la farine, les œufs, le lait, la levure,
le beurre et le sucre dans un saladier, jusqu'à
obtention d'une pâte lisse.

• Beurrez un moule à manqué.

• Préchauffez le four à th. 6-7/200 °C.

• Lavez les cerises et séchez-les. Ôtez les queues,
dénoyautez les cerises et déposez-les dans le moule.

• Versez la pâte sur les cerises. Faites cuire
au four 30 mn. En fin de cuisson, saupoudrez
de sucre.

clafoutis
aux raisins, pommes et noix

pour 6 personnes
préparation 20 mn
cuisson 35 mn

3 pommes reine reinette
1 grappe de raisin noir
75 g de cerneaux de noix
1/2 l de lait
100 g de farine
100 g de sucre en poudre
100 g de beurre
4 œufs

• Préchauffez le four à th. 6/180 °C.

• Faites bouillir le lait, ôtez du feu et faites-y fondre le beurre.

• Dans une terrine, mélangez les œufs entiers avec le sucre. Ajoutez la farine, puis le lait au beurre, mélangez bien au fouet.

• Épluchez les pommes et coupez-les en morceaux, égrappez le raisin.

• Dans un plat à four beurré, disposez les pommes, le raisin, les noix et versez la pâte par-dessus. Faites cuire le clafoutis 35 mn.

Vous pouvez ajouter une bonne cuillerée de rhum, de cognac ou de calvados.

crumble
d'ananas à la vanille

pour 4 à 6 personnes
préparation 15 mn
cuisson 45 mn

600 g de morceaux d'ananas surgelés
150 g de farine
150 g de sucre cassonade
+ 3 c. à soupe pour le moule
100 g de beurre mou + 1 noix pour le moule
4 c. à café d'extrait de vanille liquide
ou en poudre

• Décongelez les morceaux d'ananas et
égouttez-les.

• Préchauffez le four à th. 6/180 °C. Beurrez un
moule et saupoudrez-le de 3 c. à soupe de sucre.

• Détaillez l'ananas en morceaux plus petits.
Parfumez-le de 2 c. à café d'extrait de vanille
et mélangez bien. Versez les morceaux d'ananas
dans le moule.

• Dans une jatte, mélangez du bout des doigts
la farine, le sucre et le beurre coupé
en morceaux. Lorsque le mélange devient
« sableux », ajoutez 2 c. à café d'extrait
de vanille et mélangez.

• Recouvrez les morceaux d'ananas
de ce mélange et enfournez pour 45 mn environ.
Servez tiède ou froid, accompagné de glace
à la vanille ou à la noix de coco.

crumble
aux poires et aux spéculoos

pour 6 personnes
préparation 10 mn
cuisson 20 mn

2 grandes boîtes de poires au sirop
1/2 c. à café de gingembre en poudre
ou quelques morceaux
150 g de spéculoos
50 g de farine
50 g de sucre
100 g de beurre
50 g de raisins secs
1 c. à soupe de crème fraîche très épaisse
ou glace vanille, rhum-raisin, chocolat, etc.

• Préchauffez le four à th. 7/210 °C.

• Beurrez un plat à four. Égouttez les poires
au sirop et détaillez-les en cubes.

• Faites fondre 1 noix de beurre dans une poêle
et faites dorer les poires, avec le gingembre
en poudre ou en morceaux.

• Émiettez les spéculoos, ajoutez la farine,
le sucre et le reste de beurre en morceaux.

• Mixez ou mélangez rapidement du bout
des doigts, jusqu'à obtenir une pâte sableuse.

• Déposez les poires dans le plat. Parsemez-les
des raisins secs et recouvrez des miettes de
crumble.

• Laissez cuire 15 à 20 mn.

• Servez avec 1 c. à soupe de crème fraîche
très épaisse ou 1 boule de glace à la vanille,
rhum-raisin ou chocolat.

*N'hésitez pas à réaliser ce crumble avec
d'autres fruits.*

clafoutis
choco-poires

pour 6 personnes
préparation 20 mn
cuisson 40 mn

pour la pâte
250 g de farine
125 g de beurre mou
1 œuf
100 g de sucre glace
25 g de poudre d'amandes

pour la garniture
400 g de poires
30 g de cacao en poudre
100 g de poudre d'amandes
40 g de farine
125 g de crème fleurette
36 cl de lait entier
200 g de sucre en poudre
4 œufs

• Préchauffez le four à th. 6-7/200 °C.

• Préparez la pâte : mélangez le beurre
et le sucre glace, ajoutez l'œuf battu avec
1 pincée de sel. Versez la farine et la poudre
d'amandes. Pétrissez du bout des doigts
pour obtenir une pâte lisse (au besoin, ajoutez
un peu d'eau).

• Étalez-la finement au rouleau.

• Déposez-la dans un moule beurré.

• Pelez les poires, ouvrez-les en 2,
épépinez-les et coupez-les en dés.

• Dans un saladier, mélangez le reste
des ingrédients, ajoutez les poires et versez
la préparation dans le moule. Enfournez
pendant 40 mn.

clafoutis
aux abricots

pour 2 petits clafoutis
préparation 10 mn
cuisson 15 mn

2 beaux abricots bien mûrs ou 4 abricots secs
1 œuf
15 cl de lait entier
40 g de farine
20 g de beurre
40 g de sucre semoule
quelques amandes effilées

• Préchauffez le four à th. 6/180 °C.

• Lavez et dénoyautez les abricots. Faites fondre
le beurre. Fouettez l'œuf avec le sucre jusqu'à
ce que le mélange blanchisse. Ajoutez la farine,
1 pincée de sel, puis petit à petit le lait et le
beurre fondu, pour obtenir une pâte homogène.

• Posez les moitiés d'abricots dans des petits
moules. Versez la pâte, parsemez d'amandes
effilées et laissez cuire au four 10 à 15 mn,
jusqu'à ce que les clafoutis soient bien dorés.

petits crumbles
poires-prunes aux noisettes

pour 6 personnes
préparation 15 mn
cuisson 20 à 30 mn

4 poires mûres, doyenné de comice
6 prunes rouges
120 g de beurre salé
100 g de sucre roux
50 g de farine
50 g de poudre de noisettes
50 g de noisettes concassées

• Coupez le beurre en petits morceaux
et réservez au frais.

• Préchauffez le four à th. 7/210 °C.

• Mélangez la farine, le sucre, la poudre
de noisettes et les noisettes concassées.
Ajoutez ensuite les morceaux de beurre et faites
rouler le mélange entre vos mains sans
l'amalgamer, pour lui donner une consistance
sableuse. Réservez au réfrigérateur.

• Lavez les fruits, dénoyautez les prunes, ôtez
le trognon des poires et coupez-les en petits
morceaux. Répartissez-les dans des petits plats
à crème brûlée.

• Retravaillez rapidement la pâte pour la rendre
sableuse et répartissez-la sur les fruits en
une couche régulière.

• Enfournez aussitôt et laissez cuire 20 à 30 mn.
(Préparez les lits de fruits à l'avance. Pendant
le dîner, couvrez-les de crumble et faites-les cuire
aussitôt.)

• Servez les petits crumbles tièdes, avec de la
crème fraîche épaisse ou de la crème glacée
aux noisettes.

black
crumble

pour 6 personnes
préparation 20 mn
cuisson 25 mn

800 g de quetsches
600 g de figues
200 g de mûres
50 g de sucre

pour les miettes
150 g de farine
100 g de beurre
80 g de cassonade
1 c. à café de cannelle en poudre

pour l'accompagnement
crème fouettée
coulis de framboises

• Dénoyautez les quetsches et faites-les cuire
dans une casserole avec le sucre et un peu
d'eau pendant 5 mn.

• Hors du feu, ajoutez les figues pelées, coupées
en 4 et les mûres.

• Préchauffez le four à th. 6/180 °C.

• Confectionnez les miettes. Mélangez tous
les ingrédients du bout des doigts, ajoutez
1 pincée de sel et pétrissez jusqu'à obtenir
des miettes grossières.

• Répartissez les fruits dans un plat, saupoudrez
de miettes et placez au four pendant environ
20 mn. Servez avec de la crème fouettée
et le coulis de framboises.

crumble
de fruits rouges et noirs

pour 6 à 8 personnes
préparation 20 mn
cuisson 45 à 50 mn

800 g à 1 kg de fruits rouges et noirs mélangés
4 c. à soupe de sucre

pour la pâte
125 g de farine
125 g de beurre froid
125 g de cassonade blonde
125 g d'amandes en poudre
1 c. à café de cannelle

• Allumez le four à th. 6/180 °C. Beurrez
un plat et saupoudrez-le de 1 c. à soupe
de sucre.

• Préparez tous les fruits, égrappez-les, lavez-les,
égouttez-les, rangez-les dans le plat
et poudrez-les de sucre.

• Dans le bol d'un robot, mettez la farine,
le beurre en morceaux, la cassonade,
les amandes et la cannelle. Mixez par à-coups
jusqu'à ce que le mélange soit sableux.

• Répartissez-le sur les fruits et faites cuire dans
le four pendant 45 à 50 mn. Laissez tiédir
un peu avant de déguster.

*Vous pouvez préparer la pâte en doublant
les proportions. Vous pourrez alors congeler
le surplus de pâte pour une autre utilisation
ou pour vous avancer.*

crumble
ananas-bananes-mangues

pour 6 personnes
préparation 20 mn
cuisson 45 mn

1 ananas
3 bananes
2 mangues
40 g de beurre
1 gousse de vanille
4 c. à soupe de sucre
2 c. à soupe de rhum

pour la pâte
125 g de farine
125 g de beurre froid
125 g de sucre de canne roux
80 g de noix de coco râpée

• Préchauffez le four à th. 6/180 °C. Beurrez
un plat et saupoudrez-le de 1 c. à soupe
de sucre.

• Pelez l'ananas, ôtez le cœur ligneux et coupez
la chair en dés.

• Faites fondre le beurre dans une grande poêle
et faites revenir les dés d'ananas sur feu moyen.

• Épluchez les bananes et les mangues. Coupez
les premières en rondelles un peu épaisses et
les secondes en morceaux.

• Ajoutez les fruits dans la poêle, les graines
noires aromatiques contenues dans la gousse
de vanille et le sucre. Puis versez 1/2 verre
d'eau et laissez évaporer.

• Dans le bol d'un robot, mettez la farine,
le beurre froid coupé en morceaux, le sucre
de canne et la noix de coco. Mixez par à-coups,
jusqu'à ce que la pâte soit sableuse.

• Ajoutez le rhum dans les fruits, remuez
et transvasez-les dans le plat. Parsemez de pâte
à crumble et faites cuire pendant 30 mn environ.

*Vous pouvez remplacer le rhum par le jus
de 4 fruits de la Passion. Accompagnez
ce crumble de 1 boule de glace coco.*

crumble ananas-bananes-mangues

crumble
poires-pommes-gingembre

pour 6 à 8 personnes
préparation 20 mn
cuisson 45 mn

6 pommes
4 poires
1 noix de gingembre
40 g de beurre
1 gousse de vanille
4 c. à soupe de sucre cristallisé

pour la pâte
125 g de farine
125 g de beurre froid
125 g de sucre cristallisé
125 g d'amandes
1/2 c. à café de gingembre en poudre
ou de quatre-épices

• Préchauffez le four à th. 6/180 °C.
Beurrez un plat et saupoudrez-le de 1 c. à soupe
de sucre.

• Coupez les pommes en 4. Retirez le cœur et
la peau, puis coupez la chair en dés.

• Faites fondre le beurre dans une poêle,
ajoutez les graines noires aromatiques contenues
dans la gousse de vanille, les pommes, et faites
rissoler sur feu doux.

• Épluchez les poires, coupez-les en 4.
Retirez aussi le cœur, coupez la chair en dés
et ajoutez-les dans la poêle.

• Pelez le gingembre, râpez-le, mettez le dans
la poêle avec 3 c. à soupe de sucre et faites
cuire 10 mn.

• Dans le bol d'un robot, mettez la farine,
le beurre froid coupé en morceaux, le sucre,
les amandes en poudre et le gingembre
ou le quatre-épices. Mixez par à-coups, jusqu'à
ce que la pâte soit sableuse.

• Déposez les fruits dans le plat, parsemez
de pâte, et faites cuire dans le four pendant
environ 30 mn.

• Servez avec du fromage blanc sucré au miel
ou de la crème fraîche épaisse.

*Vous pouvez faire la pâte à la main en
mélangeant les ingrédients du bout des doigts ;
utilisez dans ce cas du beurre mou.*

crumble
figues, framboises et cacao

pour 6 personnes
préparation 20 mn
cuisson 40 mn

18 petites figues
500 g de framboises
4 c. à soupe de sucre cristallisé
1 petit verre de muscat

pour la pâte
125 g de farine
125 g de sucre cristallisé
125 g de noisettes en poudre
125 g de beurre froid
1 c. à café de cacao en poudre

• Préchauffez le four à th. 6/180 °C. Beurrez un plat et saupoudrez-le de 1 c. à soupe de sucre.

• Lavez les figues et coupez-les en 2. Posez-les dans le plat. Puis, parsemez de framboises, saupoudrez du reste de sucre et arrosez de muscat.

• Dans le bol d'un robot, mettez la farine, le beurre froid coupé en morceaux, le sucre, les noisettes en poudre et le cacao. Mixez par à-coups, jusqu'à ce que la pâte soit sableuse.

• Étalez-la sur les fruits et faites cuire dans le four pendant 40 mn environ.

Vous pouvez remplacer le muscat par du jus de raisin noir.
Accompagnez ce crumble de crème fraîche épaisse ou de mascarpone (125 g) mélangés à du sucre glace (40 g) et aux graines noires de 1/2 gousse de vanille.

clafoutis
cerises et anis

pour 6 personnes
préparation 10 mn
cuisson 50 mn

600 g de cerises (fraîches ou surgelées)
40 cl de lait
10 cl de crème fleurette
2 c. à soupe d'apéritif à l'anis
120 g de sucre
160 g de farine
6 œufs
50 g de beurre fondu + 1 noix pour le moule
4 c. à soupe de sucre cristallisé

• Allumez le four sur th. 6/180 °C.

• Beurrez un moule et saupoudrez-le de
sucre cristallisé.

• Lavez les cerises et égouttez-les.
Puis dénoyautez-les, ou non, et mettez-les
dans le moule.

• Fouettez le lait, la crème, l'apéritif à l'anis,
les œufs entiers, le sucre, le beurre fondu
et la farine au fouet électrique ou dans le bol
d'un robot, jusqu'à ce que la texture de la pâte
soit lisse.

• Versez la pâte sur les cerises et faites cuire
dans le four 50 mn environ.

• Saupoudrez d'un peu de sucre cristallisé juste
avant de servir. Servez tiède ou froid.

*Vous pouvez remplacer les cerises par des
framboises, des mûres, des morceaux de kiwis,
d'abricots, de poires ou de pêches.
Les noyaux de cerises donnent un bon petit
goût au clafoutis, mais c'est moins agréable
à déguster.*

clafoutis
aux fruits rouges

pour 6 personnes
préparation 10 mn
cuisson 50 mn

500 g de fruits rouges mélangés
50 cl de lait entier
1 gousse de vanille
140 g de farine
120 g de sucre
6 œufs
2 c. à soupe de rhum

• Allumez le four à th. 6/180 °C.

• Lavez rapidement les fruits et égouttez-les.

• Beurrez un moule et saupoudrez-le d'un peu de sucre. Mettez les fruits dans le plat.

• Faites chauffer la moitié du lait avec la gousse de vanille fendue en 2 et grattée.

• Dans le bol d'un robot, mélangez tous les ingrédients et mixez à grande vitesse en ajoutant le lait chaud sans la gousse de vanille.

• Lorsque la pâte est lisse et sans grumeaux, versez-la sur les fruits et faites cuire dans le four pendant 50 mn environ.

• Servez tiède ou froid.

Hors saison, vous pouvez réaliser ce clafoutis avec des fruits surgelés, en prenant soin de bien les laisser décongeler sur une passoire afin d'éliminer toute l'eau de décongélation. Vous pouvez aussi utiliser des fruits secs, abricots ou pruneaux, préalablement trempés dans du thé et bien égouttés.

GRATÏNS

gratin
de potimarron

pour 6 personnes
préparation 10 mn
cuisson 50 mn

1 potimarron
50 cl de crème fleurette
1 gousse d'ail
1 noix de beurre
poivre du moulin
noix muscade en poudre
1 étoile de badiane

• Allumez le four à th.6/180 °C.

• Lavez le potimarron sous l'eau froide,
essuyez-le.

• Ne l'épluchez pas, mais ôtez les pépins.
Coupez la chair en dés, avec la peau, et faites-
le précuire à la vapeur pendant 6 mn environ.

• Vous pouvez aussi le plonger 4 mn dans
de l'eau bouillante et bien l'égoutter.

• Mettez-le dans un plat beurré et frotté d'ail,
couvrez de crème, salez, poivrez, muscadez
et parsemez d'un peu de badiane râpée.

• Mélangez tout dans le plat et faites cuire
pendant 45 mn environ.

*Vous pouvez remplacer le potimarron par
des courgettes coupées en éventails
et précuites de la même façon, ou du panais
précuit dans l'eau bouillante 10 mn.*

gratinée
d'oignons doux
à la moutarde d'Orléans

pour 4 personnes
préparation 25 mn
cuisson 30 mn

2 gros oignons doux
1 petite salade frisée
50 g de beurre demi-sel
1 c. à soupe de moutarde d'Orléans
2 c. à soupe d'huile d'olive
1 pomme granny smith
2 citrons jaunes
fleur de sel de Guérande

• Lavez et essorez la salade frisée, réservez-la dans un saladier.

• Préchauffez le four à th. 6/180 °C.

• Épluchez les oignons, émincez-les très finement à la mandoline afin d'obtenir des rondelles quasi transparentes.

• Dans un saladier, mélangez-les à la moutarde et l'huile d'olive.

• Faites fondre le beurre et mélangez-le bien aux oignons, déposez-les dans un grand plat allant au four.

• Étalez-les en une couche fine et laissez cuire dans le four 25 mn.

• Pendant ce temps, lavez la pomme verte, coupez-la en 4, puis en fines lamelles, citronnez-les.

• Mettez les lamelles de pomme verte dans le saladier avec la frisée, salez et poivrez, arrosez d'un filet d'huile d'olive.

• Mettez le four en position gril et laissez les oignons gratiner 5 mn en surveillant qu'ils ne brûlent pas. Retirez les oignons du four et arrosez-les du jus du citron restant, salez légèrement à la fleur de sel et servez avec la salade frisée à la pomme verte.

L'oignon doux des Cévennes est parfait pour ce plat.

gratinée d'oignons doux à la moutarde d'Orléans

gratin
dauphinois aux champignons mélangés

pour 4 personnes
préparation 20 mn
cuisson 50 mn à 1 h

600 g de pommes de terre
à chair ferme type charlotte
500 g de champignons mélangés : petits cèpes,
trompettes, petites girolles…
150 g de tomme d'Abondance
40 cl de crème fraîche
10 cl de lait
30 g de beurre
2 c. à soupe d'huile d'olive
1 gousse d'ail
2 pointes de couteau de noix
muscade râpée
poivre du moulin

• Frottez un plat à gratin avec la gousse d'ail,
puis beurrez-le. Pelez, lavez et tranchez finement
les pommes de terre. Ensuite, mettez-les dans un
saladier et couvrez-les d'eau fraîche.

• Préparez les champignons : lavez-les
rapidement et délicatement sous l'eau froide,
coupez les pieds. Émincez les cèpes, coupez
en 2 les plus grosses girolles, les trompettes.
Poêlez ces champignons dans l'huile d'olive
10 mn, puis égouttez-les, salez-les et poivrez-les.

• Râpez la tomme d'Abondance. Mélangez-en
les 2/3 avec la crème et le lait. Salez, poivrez
généreusement, épicez de noix muscade.

• Préchauffez le four à th. 6/180 °C.

• Égouttez les pommes de terre et séchez-les
dans un linge. Posez une couche dans le fond
du plat, parsemez de champignons, puis versez
un peu de mélange à la crème. Couvrez d'une
seconde couche de pommes de terre, puis
parsemez de champignons, et ainsi de suite
jusqu'à épuisement des ingrédients.

• Achevez par une couche de pommes de terre,
couvrez de mélange à la crème et du reste
de tomme d'Abondance. Enfournez jusqu'à
ce que les pommes de terre soient tendres
et dorées. Protégez le dessus du plat, s'il dore
trop rapidement, avec une feuille de papier
sulfurisé. Servez avec une salade frisée ou
une trévise.

pintade
en gratin de céleri-rave,
poires et raisins

pour 8 personnes
préparation 40 mn
cuisson 2 h 15 mn

8-10 cuisses de pintade fermière
2 céleris-raves
4 poires conférence
4 c. à soupe de raisins blonds secs
4 gousses d'ail en chemise
3 bâtons de cannelle
2 branches de thym
2 feuilles de laurier
l'écorce de 1/2 orange
2 c. à soupe de beurre salé
2 jaunes d'œufs
1 botte de cerfeuil ciselé
10 cl de crème liquide
400 g de graisse de canard

• Préchauffez le four à th. 4/120 °C.

• Dans une grosse cocotte, faites colorer à feu vif
les cuisses de pintade avec 1 c. à soupe de
graisse de canard. Salez, poivrez. Déposez-les
dans un grand plat allant au four. Ajoutez le reste
de graisse de canard, l'ail en chemise
légèrement écrasé, la cannelle, le thym, le laurier
et l'écorce d'orange. Laissez cuire la volaille 2 h
en l'arrosant souvent. Sortez-la du four, laissez
tiédir. Enlevez la peau, puis retirez la chair
des os. Effilochez-la.

• Coupez les céleris en gros dés et faites-les
cuire dans de l'eau salée 12 mn environ.
Mixez-en la moitié, puis incorporez 1 noix
de beurre, la crème et les jaunes d'œufs.
Salez, poivrez et mélangez à nouveau.

• Pelez les poires, ôtez le cœur et les pépins
et coupez-les en dés. Faites fondre le reste
de beurre dans une poêle. Lorsqu'il mousse,
ajoutez les poires et laissez-les légèrement
colorer avant de les poivrer.

• Mélangez les poires, la purée et les dés
de céleri.

• Mélangez la chair de pintade effilochée,
les raisins secs, le cerfeuil et 3 c. à soupe de jus
de cuisson.

• Dans un plat allant au four, étalez la pintade
et recouvrez du mélange de céleri. Faites gratiner
quelques minutes sous le gril du four avant de servir.

gratin
de dinde et patates douces

pour 4 personnes
préparation 20 mn
cuisson 30 mn

400 g de restes de dinde
1 oignon
1 kg de patates douces
1/2 c. à café de cannelle en poudre
1 pincée de noix muscade en poudre
15 cl de crème fleurette
30 g de beurre
10 brins de ciboulette
1 c. à soupe d'huile d'olive
1 c. à soupe de chapelure

• Lavez les patates douces avec leur peau
et mettez-les à cuire dans une grande marmite
d'eau froide salée.

• Coupez la dinde en petits morceaux. Pelez
et hachez l'oignon. Dans une poêle, faites dorer
l'oignon dans l'huile, ajoutez les morceaux
de dinde, salez et poivrez, puis saupoudrez
la muscade et la ciboulette finement ciselée.
Réservez. Lorsque les patates douces sont cuites,
pelez-les et passez-les au presse-purée
en ajoutant le beurre. Salez et poivrez, ajoutez
la crème fleurette et la cannelle.

• Préchauffez le four à th. 7/210 °C. Beurrez un
plat à four, déposez le mélange dinde-oignons et
recouvrez avec la purée de patates douces.
Déposez des petites noisettes de beurre.

• Saupoudrez de chapelure et faites dorer au
four 20 mn. Servez avec une salade mêlée.

dauphinois
poires-pommes de terre

pour 4 personnes
préparation 15 mn
cuisson 30 mn

2 belles poires doyenné du comice
5 pommes de terre à chair ferme
1/2 petite boule de céleri-rave
25 cl de crème fleurette
1 jaune d'œuf
1 l de lait
100 g de beaufort râpé
1 pincée de noix muscade râpée
poivre du moulin

• Pelez le céleri, coupez-le en morceaux,
puis faites-le cuire.

• Pelez les pommes de terre et faites-les cuire
entières dans le lait.

• Fouettez la crème fleurette avec le jaune d'œuf,
la muscade, un peu de sel et de poivre du
moulin. Ensuite, ajoutez la moitié du beaufort râpé.

• Préchauffez le four à th. 6/180 °C.

• Pelez, épépinez et coupez les poires
en tranches d'environ 3 mm d'épaisseur. Faites
de même avec le céleri et les pommes de terre.

• Beurrez un moule à gratin.

• Étalez, en les alternant, la moitié des tranches
de poires, de céleri et de pommes de terre.
Versez la moitié du mélange à la crème, puis
recommencez l'opération. Couvrez à nouveau
du mélange à la crème, parsemez la surface
du reste de beaufort râpé et enfournez.

• Faites cuire le gratin doucement, jusqu'à ce
qu'il soit doré, puis servez-le « nature » ou pour
accompagner un filet de canard grillé.

*Tranchez les pommes de terre dans leur
longueur afin d'avoir des tranches de la même
taille que les quartiers de poires.
Égouttez bien les légumes précuits pour qu'ils
ne rendent pas d'eau durant la cuisson du
gratin, les poires en rendant suffisamment.*

gratinées
glacées au fenouil

pour 4 personnes
préparation 30 mn
cuisson 20 mn
réfrigération 1 nuit

1 bulbe de fenouil
8 jaunes d'œufs extra-frais
1/2 l de crème fleurette très froide
150 g de sucre en poudre
4 anis étoilés
sucre cassonade pour gratiner

• La veille, retirez l'extrémité du fenouil et
émincez le bulbe. Plongez-le dans une casserole
d'eau bouillante et faites-le blanchir en comptant
1 mn dès la reprise de l'ébullition.

• Égouttez-le et mettez-le dans une casserole avec
les anis étoilés, le sucre et 30 cl d'eau. Portez
à ébullition et laissez cuire 20 mn ou jusqu'à ce
que le liquide devienne sirupeux et que le fenouil
soit tendre. Égouttez-le, filtrez le sirop. Réservez
le fenouil jusqu'au lendemain.

• Mettez les jaunes d'œufs dans une jatte,
battez-les avec un fouet électrique, en versant
le sirop petit à petit jusqu'à ce que le mélange
blanchisse.

• Montez la crème fleurette en chantilly, ajoutez-
la aux jaunes d'œufs en l'incorporant
délicatement. Versez dans des moules individuels
légèrement humidifiés et mettez au congélateur
jusqu'au lendemain.

• Au moment de servir, faites chauffer le gril
du four, saupoudrez les crèmes glacées d'un
voile de cassonade et mettez-les à caraméliser
sous le gril 30 s. Remettez les moules aussitôt
au congélateur 5 mn et servez-les avec l'émincé
de fenouil confit.

*Si vous avez un chalumeau, c'est encore mieux
pour caraméliser le sucre sur les crèmes
glacées, qui n'auront pas le temps de fondre.
Il sera inutile de les remettre au congélateur.
Pour davantage de goût anisé, vous pouvez
ajouter 1 c. à café de pastis à la crème.*

tartiflette

pour 4 personnes
préparation 20 mn
cuisson 30 mn

1 kg de pommes de terre
1 oignon
200 g de lardons
1 reblochon fermier
1 c. à soupe de crème fraîche (facultatif)
1 c. à soupe d'huile végétale (tournesol,
arachide)
10 g de beurre
poivre

• Faites cuire les pommes de terre avec leur peau
dans une casserole d'eau bouillante.

• Pendant ce temps, pelez et émincez l'oignon
et faites-le suer dans l'huile chaude, ajoutez
les lardons et faites dorer l'ensemble en remuant
souvent.

• Préchauffez le four à th. 8/220 °C. Beurrez
un plat à gratin (ou en fonte), versez la moitié
des pommes de terre, ajoutez dans l'ordre
la moitié du mélange oignon-lardons, le restant
de pommes de terre et le restant d'oignons-
lardons.

• Égalisez la surface, ajoutez la crème (facultatif)
et déposez au centre le reblochon entier.
Poivrez au moulin et mettez au four jusqu'à ce
que le dessus de la tartiflette soit bien gratiné.
Servez aussitôt.

huîtres
chaudes gratinées
au camembert d'Isigny

pour 4 personnes
préparation 20 mn
cuisson 10 mn

2 douzaines d'huîtres « spéciales »
1 camembert au lait cru d'Isigny
4 c. à soupe de crème fraîche
1 verre de vin blanc sec
3 échalotes
poivre du moulin
gros sel

• Faites ouvrir les huîtres.

• Retirez la croûte du camembert.

• Épluchez les échalotes, hachez-les finement et faites-les réduire dans une casserole avec le vin blanc.

• Ajoutez le camembert découpé en petits morceaux et faites fondre sur feu très doux. Versez la crème fraîche et mélangez doucement. Poivrez généreusement au moulin et réservez.

• Préchauffez le four à th. 8/240 °C.

• Versez un lit de gros sel sur une plaque de cuisson. Videz l'eau des huîtres et déposez-les sur le lit de gros sel.

• Versez 1 c. à soupe de sauce au camembert sur chaque huître et mettez au four très chaud 10 mn, le temps de gratiner. Dégustez aussitôt.

Pour réaliser cette recette, utilisez un camembert bien affiné et crémeux à cœur. Choisissez de préférence une huître numéro 3.

gratin
de sardines au chèvre frais

pour 4 personnes
préparation 5 mn
cuisson 20 mn

2 boîtes de sardines à l'huile d'olive
200 g de caviar d'aubergines
100 g de caviar de tomates
10 cl de crème liquide
150 g de chèvre frais
10 olives noires à la grecque dénoyautées
herbes de Provence

• Mixez les sardines à l'huile d'olive avec le caviar d'aubergines, le caviar de tomates et la crème liquide.

• Versez dans un plat allant au four. Coupez en cubes le chèvre frais, répartissez-les sur la préparation et parsemez l'ensemble d'olives noires.

• Saupoudrez d'herbes de Provence.

• Faites cuire au four préchauffé à th. 7/210 °C, pendant 20 mn.

panais
et carottes en gratin

pour 6 personnes
préparation 30 mn
cuisson 1 h

pour la purée de panais
700 g de panais
250 g de pommes de terre
1 c. à soupe de crème fraîche épaisse
100 g de gorgonzola
1 c. à café de carvi
1 cube de bouillon de volaille

pour la purée de carottes
700 g de carottes
100 g de pommes de terre
40 g de beurre
2 c. à soupe de crème fraîche épaisse
80 g de comté râpé
poivre du moulin
4 feuilles de sauge
20 g de beurre pour le plat

• Beurrez un plat à gratin. Pour la purée de panais : épluchez les panais et les pommes de terre. Lavez-les soigneusement et coupez-les en rondelles et en cubes. Faites-les cuire dans de l'eau bouillante agrémentée du cube de bouillon de volaille.

• Lorsqu'ils sont tendres, laissez-les égoutter quelques instants, puis passez-les au moulin à légumes muni d'une grosse grille. Ajoutez la crème, le gorgonzola, le carvi. Rectifiez l'assaisonnement si nécessaire et garnissez le fond du plat à gratin.

• Pour la purée de carottes : pelez les carottes et les pommes de terre. Lavez-les soigneusement, puis détaillez-les en rondelles et en cubes. Faites-les suer dans une sauteuse avec le beurre. Salez, poivrez, couvrez et laissez cuire à feu très doux jusqu'à ce que les légumes soient tendres. Ajoutez un tout petit peu d'eau en cours de cuisson.

• Lorsque les légumes sont tendres, passez-les au moulin à légumes muni d'une grosse grille, puis ajoutez la crème fraîche et 50 g de comté râpé. Rectifiez l'assaisonnement si nécessaire.

• Lavez, séchez et hachez finement la sauge. Parsemez la surface de la purée de panais de ce hachis, puis couvrez de purée de carottes. Couvrez du reste de comté et faites cuire 20 mn au four à th. 6/180 °C. Servez ce gratin aux 2 légumes avec une salade ou une volaille.

Vous pouvez remplacer le gorgonzola par du vacherin, et le comté par 50 g de parmesan.

panais et carottes en gratin

gratin
de potiron

pour **4 personnes**
préparation **20 mn**
cuisson **1 h**

1 potiron de 1 kg environ
30 g de beurre
20 cl de crème liquide
70 g de parmesan râpé

• Épluchez et taillez le potiron en morceaux
de 2 cm de côté environ, après avoir retiré
les filaments et les graines.

• Dans une large casserole, faites fondre
le beurre et ajoutez le potiron, assaisonnez
de sel. Laissez cuire à feu doux avec
un couvercle pendant 40 mn environ, en remuant
régulièrement. S'il reste encore du liquide,
mélangez à découvert avec une spatule en bois
jusqu' à évaporation complète de l'eau
de végétation. La chair du potiron doit être
bien desséchée. Incorporez la crème liquide
au potiron, 50 g de parmesan râpé et poivrez.
Mélangez bien avec une spatule en bois
et réservez.

• Préchauffez votre four à th. 6/180 °C.
Étalez la purée de potiron dans un plat à gratin,
parsemez le reste de parmesan par-dessus
et faites gratiner 20 mn environ au four.

• Ce gratin accompagnera idéalement
une volaille rôtie ou bien, l'hiver, du gibier.

gratin
de crozets à la tomme de Savoie

pour **4 personnes**
préparation **20 mn**
cuisson **30 mn**

240 g de crozets
200 g de tomme de Savoie
200 g de potiron
100 g de lardons
2 oignons
20 cl de crème
2 c. à soupe d'huile

• Épluchez, puis détaillez le potiron
en morceaux.

• Épluchez et émincez les oignons. Faites revenir
la moitié des oignons (réservez le reste pour
la suite) avec le potiron, 3 à 4 mn dans l'huile
sur feu moyen. Ajoutez un peu d'eau et laissez
cuire 15 mn.

• Pendant ce temps, faites cuire les crozets
à l'eau salée selon le temps indiqué sur
le paquet.

• Préchauffez le four à th. 6/180 °C.

• Faites revenir à la poêle les lardons, ajoutez
le reste d'oignons et poursuivez la cuisson 5 mn.

• Ôtez la croûte de la tomme, puis détaillez-la
en fines tranches.

• Mixez la chair cuite du potiron, versez
la crème et mélangez bien.

• Mélangez les crozets cuits avec lardons
et oignons. Ajoutez le velouté de potiron.
Mélangez délicatement et versez le tout dans
un plat à gratin ou une petite cocotte en fonte.
Recouvrez-le de tomme et faites-le gratiner
au four 10 mn ou jusqu'à ce que le dessus
soit bien doré.

gratin
de chou-fleur

pour 4 personnes
préparation 15 mn
cuisson 20 mn

1 chou-fleur
50 cl de crème liquide
1 belle noix de gingembre
1/2 citron
poivre du moulin

• Épluchez et détaillez le chou-fleur en gros
bouquets. Mettez une grande casserole d'eau
bien salée à bouillir. Plongez-y le chou-fleur avec
le jus du citron, 4 à 5 mn environ,
afin qu'il reste légèrement croquant. Mettez-le
ensuite dans de l'eau froide avec des glaçons
afin de stopper la cuisson.

• Râpez le gingembre frais. Versez-le dans
la crème et faites réduire de moitié sur feu doux.
Filtrez la crème infusée de gingembre
à l'aide d'une passoire fine.

• Dans un plat à gratin de 40 cm de longueur
environ, disposez le chou-fleur bien à plat.
Assaisonnez de sel et de poivre la crème réduite,
puis nappez-en le gratin.

• Préchauffez votre four à th. 6/180 C°.
Mettez à gratiner pendant 20 mn environ.
Servez aussitôt.

*Vous pouvez parsemer le gratin d'herbes
fraîches (persil, cerfeuil, ciboulette) avant
de servir.*

gratin
dauphinois à la crème et au lait

pour 8 personnes
préparation 20 mn
cuisson 2 h

1,5 kg de pommes de terre
75 cl de lait
75 cl de crème fraîche
1 gousse d'ail
poivre blanc

• Émincez finement les pommes de terre après
les avoir épluchées et seulement essuyées.
Portez le lait à ébullition dans une casserole.
Ajoutez la crème et portez une deuxième fois
à ébullition.

• Incorporez les pommes de terre et portez
de nouveau à ébullition. Salez et poivrez.

• Versez délicatement le tout dans un plat
à gratin en fonte frotté d'ail.

• Faites cuire au four à th. 5/150 °C, jusqu'à
formation d'une belle croûte dorée (environ 2 h).

• Vérifiez la cuisson à l'aide d'un couteau.
Servez immédiatement.

gratin
dauphinois à la crème, au lait et au fromage

pour 8 personnes
préparation 30 mn
cuisson 2 h

1,5 kg de pommes de terre à chair jaune
(charlotte ou belle de Fontenay)
1 l de lait
200 g de crème fraîche épaisse
100 g de gruyère fraîchement râpé
50 g de beurre
1 gousse d'ail
muscade

• Préchauffez le four à th. 6/180 °C.

• Épluchez et lavez les pommes de terre, essuyez-
les. Taillez-les en rondelles de l'épaisseur d'une pièce
de 2 ⇔ pas moins. Selon votre choix, lavez-les
ou ne les lavez pas pour ne pas entraîner la perte
de la fécule, utile à la liaison du gratin.
Si vous choisissez de les laver, épongez-les
parfaitement dans un torchon.

• Faites bouillir le lait dans une casserole.
À l'ébullition, ajoutez la crème fraîche ainsi
que 80 g de gruyère. Salez et poivrez. Relevez
d'une pointe de muscade râpée.

• Incorporez les rondelles de pommes de terre,
mélangez avec une cuillère en bois. Laissez cuire
lentement à feu doux pendant une vingtaine
de minutes en remuant délicatement, pour éviter que
le lait et les pommes de terre n'attachent au fond
de la casserole. Vérifiez l'assaisonnement et
rectifiez-le au besoin.

• Épluchez la gousse d'ail et frottez-en un plat à feu
en terre, de préférence, ou en porcelaine. Versez
le gratin dans ce plat et égalisez-le en tassant
à la palette. Parsemez la surface du gruyère râpé
restant, ainsi que de quelques noisettes de beurre.
Mettez au four.

• Laissez cuire 1 h 30 environ pour avoir un gratin
moelleux et crémeux. Baissez la température du four
en fin de cuisson, si nécessaire. Couvrez avec
une feuille de papier aluminium pour éviter que
la surface ne brûle si celle-ci est trop colorée.
Servez dans le plat de cuisson.

gratin
dauphinois à la crème

pour 8 personnes
préparation 30 mn
cuisson 1 h environ

1,5 kg do pommes de terre
75 cl de crème fraîche
1 gousse d'ail
poivre blanc

• Pelez les pommes de terre, coupez-les
en rondelles d'environ 2 mm d'épaisseur
et mettez-les au fur et à mesure dans un récipient.
Salez, poivrez et remuez bien.

• Versez la crème fraîche dans un plat à gratin
frotté à l'ail et mettez celui-ci sur le feu.

• Laissez la crème réduire au moins de moitié,
jusqu'à ce qu'elle soit bien onctueuse.

• Baissez le feu et incorporez progressivement
les rondelles de pommes de terre.

• Lorsque le plat est garni, tapotez sur la surface
pour la niveler et faire remonter un peu de crème
sur le dessus.

• Maintenez le plat sur le feu doux, le temps
que la crème se remette à bouillir, et laissez
encore réduire 5 mn. Retirez et mettez le plat
au four au bain-marie, à température maximale.
Lorsque le gratin aura pris une bonne couleur
dorée, couvrez-le d'une feuille de papier
aluminium. Le temps de cuisson d'un gratin varie
en fonction de la nature du four et de la variété
des pommes de terre. Dans un four très chaud,
25 mn peuvent suffire, mais le double peut se
révéler nécessaire avec un autre four.

asperges
au jambon de Parme gratinées
au parmesan

pour 4 personnes
préparation 20 mn
cuisson 8 mn

16 grosses asperges vertes
8 tranches de jambon de Parme
75 g de roquette
25 g de beurre ramolli
25 g de parmesan fraîchement râpé
5 c. à soupe d'huile d'olive
3 c. à soupe de vinaigre balsamique
poivre noir du moulin

• Pelez les asperges et coupez le pied
sur 2,5 cm de hauteur.

• Remplissez d'eau une sauteuse et portez
à la limite de l'ébullition. Rangez les asperges
dedans, laissez-les cuire à petits frémissements
4 mn, jusqu'à ce qu'elles soient vert vif, tendres,
mais fermes quand même. Égouttez-les et laissez-
les tiédir.

• Roulez les asperges 2 par 2 dans les tranches
de jambon de Parme, puis rangez-les sur la tôle
du four tapissée de papier sulfurisé.

• Fouettez le beurre avec le parmesan et poivrez
le mélange. Répartissez cet assaisonnement sur
les asperges au jambon de Parme et passez-les
4 mn sous le gril du four bien chaud, jusqu'à ce
que le fromage grésille.

• Fouettez dans un bol l'huile d'olive et le
vinaigre balsamique, et assaisonnez la roquette
avec la moitié de cette sauce.

• Disposez la roquette sur 4 assiettes, posez
dessus 2 bottillons d'asperges au jambon de
Parme et arrosez le tout avec le reste de
vinaigrette.

gratin de bimis

pour 4 personnes
préparation 10 mn
cuisson 35 mn

500 g de bimis
(croisement entre le brocoli et le chou chinois)
250 g de ricotta
15 cl de crème fleurette
poivre du moulin
huile d'olive
noix muscade en poudre
parmesan
beurre

• Faites cuire les bimis pendant 5 mn dans
de l'eau bouillante salée, puis égouttez-les.

• Allumez le four sur th. 7/210 °C.

• Beurrez un plat, mettez les légumes dedans,
ajoutez la ricotta émiettée, la crème, du sel,
du poivre, un peu de muscade, arrosez
de quelques gouttes d'huile d'olive, saupoudrez
de parmesan, répartissez quelques noisettes
de beurre dessus et faites cuire dans le four
pendant 30 mn.

*Vous pouvez remplacer les bimis par
des brocolis ou du romanesco, et le parmesan
par du comté fruité.*

fondue
de curés nantais gratinée
et variante de poires

pour 4 personnes
préparation 5 mn
cuisson 20 mn

4 curés nantais (fromages)
2 poires
1 endive
50 g de beurre salé
huile d'olive citronnée

• Préchauffez le four sur th. 6/180 °C.

• Lavez les poires, ne les épluchez pas.
Badigeonnez-les de beurre salé.

• Déposez une feuille de papier sulfurisé
sur la plaque du four et mettez les fromages
dessus. Disposez les poires dans un plat.
Enfournez-les jusqu'à ce qu'elles soient fondantes
(20 mn environ). 10 mn avant la fin de la
cuisson des poires, enfournez les fromages.

• Servez les poires tranchées en 2, avec 1 curé
nantais gratiné et 1 aiguillette d'endive arrosée
d'huile d'olive citronnée.

gratin
de chou-fleur violet

pour 6 personnes
préparation 5 mn
cuisson 40 à 50 mn

4 choux-fleurs violets
100 g de parmesan
10 cl de crème fleurette
1 jaune d'œuf
poivre du moulin
1 pointe de quatre-épices
beurre

• Faites cuire les fleurettes de choux-fleurs dans de l'eau bouillante salée pendant 15 mn, puis égouttez-les. Mettez-les dans un plat beurré.

• Allumez le four sur th. 7/210 °C.

• Mélangez la crème, le parmesan et le jaune d'œuf, salez, poivrez, ajoutez le quatre-épices et répartissez cette sauce sur le chou-fleur.

• Passez au four 20 à 30 mn, puis sous le gril 5 mn avant la fin de la cuisson.

Version simplifiée du gratin de chou-fleur ; vous pouvez aussi essayer avec du chou-fleur vert, orange, des brocolis ou du chou romanesco.

gratin
de fruits rouges

pour 6 personnes
préparation 15 mn
cuisson 55 mn

250 g de griottes surgelées
250 g de framboises surgelées
3 jaunes d'œufs extra-frais
60 g de sucre en poudre
50 g de poudre d'amandes
1 c. à café de Maïzena
15 cl de crème entière liquide
sucre glace
beurre

• Préchauffez le four à th. 6/180 °C.

• Fouettez au batteur électrique les jaunes d'œufs
et le sucre en poudre, jusqu'à ce que le mélange
augmente de volume et blanchisse.

• Versez la crème dans une casserole et
mettez-la à chauffer. Dès qu'elle bout, versez-la
sur le mélange œufs-sucre en fouettant. Ajoutez
la poudre d'amandes et la Maïzena. Remettez
le tout dans la casserole et faites chauffer
de nouveau en remuant, jusqu'à ébullition.
Retirez du feu et continuez à tourner 1 mn.
Réservez.

• Beurrez largement un plat à gratin. Disposez
les griottes et les framboises encore surgelées
au fond et versez la préparation par-dessus.
Mettez dans le four 40 mn. Avant de servir,
saupoudrez d'un voile de sucre glace.

*Vous pouvez utiliser des myrtilles ou
des abricots surgelés. Ce gratin est
particulièrement savoureux, car le gras
de la crème anglaise enrobe les fruits,
qui restent ainsi très moelleux tout au long
de la cuisson.*

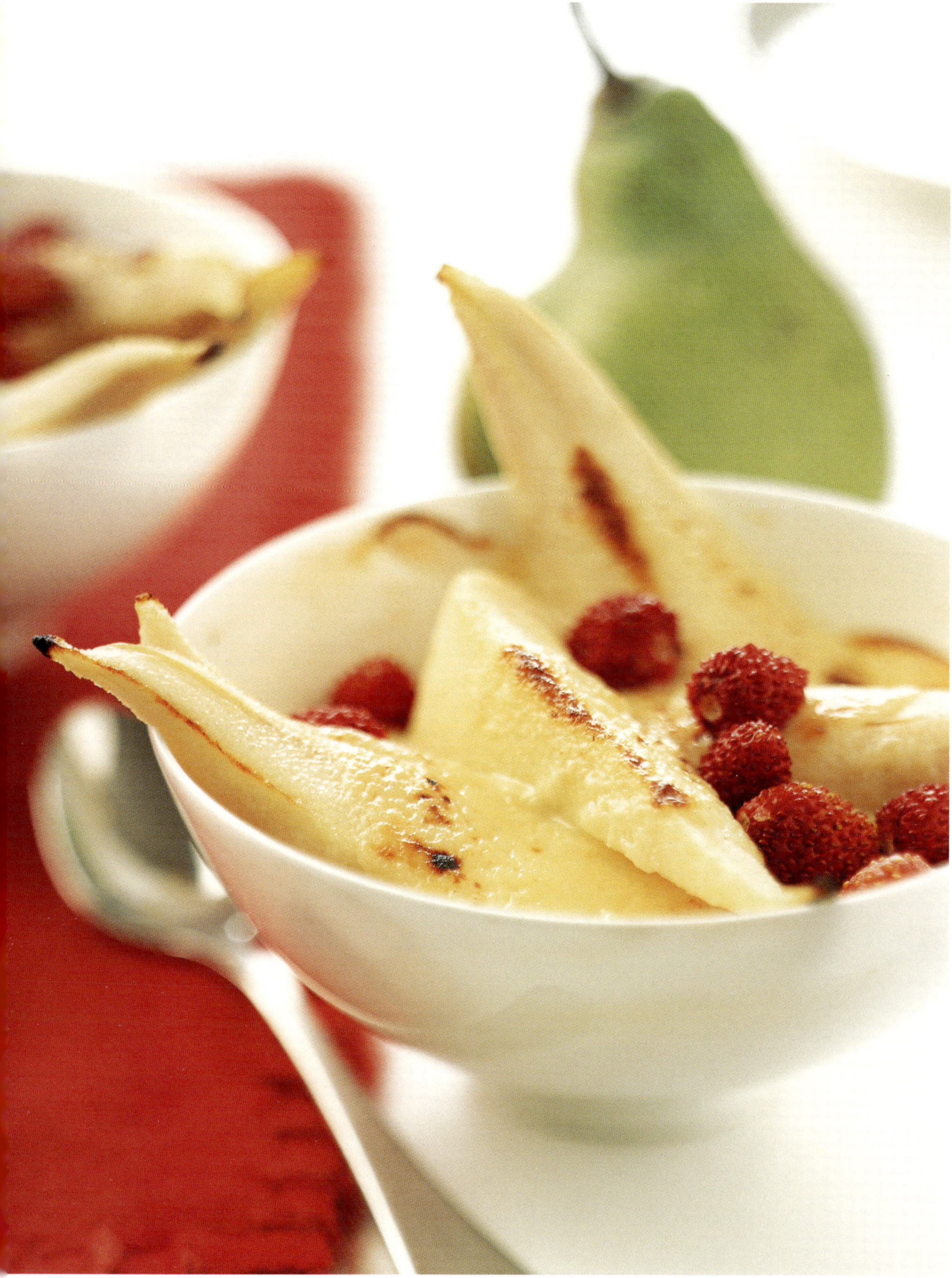

gratin
de fruits de saison

pour 4 personnes
préparation 20 mn
cuisson 15 mn

4 poires bien mûres
10 cl d'eau minérale
1 citron vert
50 g de sucre semoule
3 jaunes d'œufs
5 g de feuilles de gélatine
100 g de fromage blanc à 0 % de matière grasse
quelques fraises des bois

• Épluchez 2 poires et coupez-les en morceaux. Prélevez le zeste du citron vert.

• Mettez les poires dans un petit saladier avec l'eau minérale et le jus du citron vert. Recouvrez le saladier d'un film alimentaire et faites cuire 5 mn au micro-ondes. Mixez ensuite le tout pour obtenir une pulpe de fruits bien lisse.

• Versez la pulpe de poires dans une casserole, ajoutez-y les jaunes d'œufs et le sucre. Fouettez à feu doux jusqu'à ce que le mélange soit mousseux et lisse.

• Mettez la gélatine à tremper quelques minutes dans de l'eau bien froide. Égouttez-la et incorporez-la dans le sabayon encore chaud. Mélangez. Après refroidissement, ajoutez le fromage blanc.

• Épluchez les 2 autres poires et émincez-les. Disposez-les sur un plat ou sur les assiettes. Nappez-les largement de sabayon de poire. Au moment de servir, faites-les gratiner quelques instants sous le gril du four et décorez avec quelques fraises des bois.

Vous pouvez remplacer les poires par des pêches ou des abricots.
Hors saison, vous pouvez utiliser des fruits surgelés ou en boîte.

gratin
de mangues

pour 6 personnes
préparation 15 mn
cuisson 15 mn

3 belles mangues pas trop mûres
2 jaunes d'œufs
100 g de sucre en poudre
20 cl de crème liquide
30 g d'amandes effilées

• Préchauffez le four à th. 7/210°C.

• Épluchez les mangues et coupez-les en tranches.

• Fouettez la crème très froide. Fouettez
les jaunes d'œufs avec le sucre jusqu'à ce que
le mélange blanchisse et double de volume.
Mélangez délicatement avec la crème fouettée
et recouvrez les mangues.

• Parsemez d'amandes effilées et faites cuire
au four 10 à 15 mn, jusqu'à ce que la surface
soit dorée. Servez tiède.

*Vous pouvez parfumer ce gratin en ajoutant
un peu de rhum ou de vanille en poudre.
Pour prélever des tranches de mangue :
coupez la mangue en 2 avec sa peau,
de part et d'autre du noyau. Enlevez la peau
et coupez la chair en tranches.*

gratin de mangues

HACHIS

hachis
Parmentier aux amandes grillées

pour 6 personnes
préparation 15 mn
cuisson 40 mn

1 kg de pommes de terre bintje
750 g de viande de bœuf cuite en pot-au-feu
10 à 15 cl de bouillon de pot-au-feu
3 pincées de piment d'Espelette
2 c. à soupe de persil ciselé
2 c. à soupe d'amandes hachées
2 noix de beurre

• Rincez les pommes de terre sous l'eau en les brossant. Mettez-les dans une casserole, couvrez-les d'eau, salez et portez à ébullition. Laissez cuire 20 mn environ, jusqu'à ce qu'elles soient tendres.

• Émiettez la viande entre vos doigts. Ajoutez le persil, sel, poivre et piment d'Espelette. Mélangez bien.

• Préchauffez le four à th. 6/180 °C.

• Lorsque les pommes de terre sont cuites, égouttez-les, pelez-les et passez-les à la moulinette. Incorporez suffisamment de bouillon, en remuant avec une spatule, pour réaliser une purée bien souple.

• Étalez une fine couche de purée dans un plat à gratin de 30 x 22 cm. Parsemez de la moitié des amandes hachées et étalez dessus le hachis de viande. Couvrez du reste de purée. Lissez la surface à la spatule et parsemez du reste d'amandes.

• Glissez le plat au four et laissez cuire 20 mn environ, jusqu'à ce que la surface du hachis soit dorée.

• Servez chaud dans le plat de cuisson.

Ce plat très classique est parfait avec une salade croquante : romaine ou fenouil en fines lamelles, assaisonnés de vinaigre, d'huile d'olive et de quelques gouttes d'huile de noix.

hachis Parmentier aux amandes grillées

hachis
de poulet, ignames, gingembre et soja

pour 6 à 8 personnes
préparation 20 mn
marinade 2 h
cuisson 1 h 15 mn

4 cuisses de poulet désossées
2 blancs de poulet
1 morceau de gingembre
1 gousse d'ail
1 oignon tige
1 petit piment
1 citron vert
5 c. à soupe de sauce soja
5 c. à soupe d'huile d'olive
2 louches de bouillon de bœuf ou de volaille
2 ignames (environ 1 kg)
100 g de crème fraîche
50 g de beurre + 1 noix

• Coupez le poulet en petits morceaux et retirez la peau. Mettez les morceaux dans un plat creux avec l'ail et l'oignon émincés, le piment haché, le gingembre pelé et râpé, le jus du citron vert, le soja et l'huile d'olive. Ne salez pas.

• Couvrez d'un film étirable et mettez au frais pendant 2 h au moins. Au bout de ce temps, épluchez les ignames et coupez-les en morceaux. Rincez-les sous l'eau froide et faites-les cuire dans de l'eau bouillante salée pendant 45 mn environ. Faites chauffer une grande poêle ou une sauteuse et faites revenir le poulet avec la marinade, ajoutez le bouillon, puis laissez mijoter 30 mn.

• Allumez le four à th. 6/180 °C et beurrez un plat à gratin.

• Répartissez la volaille dans le plat en l'effilochant. Passez l'igname à la moulinette munie de la grosse grille et mélangez-le à la crème et au beurre. Étalez la purée d'ignames sur la viande.

• Mettez le plat dans le four pendant 30 mn, puis sous le gril 5 mn et servez.

L'igname est une grosse racine proche de la pomme de terre. On en trouve au rayon fruits et légumes exotiques des grandes surfaces. Vous pouvez bien sûr remplacer l'igname par des pommes de terre, mais cette petite note exotique change un peu.

hachis de poulet, ignames, gingembre et soja

hachis
de canard et navets

pour 6 à 8 personnes
préparation 20 mn
cuisson 1 h 15 mn

6 cuisses de canard confites
8 navets
800 g de pommes de terre à purée
80 g de beurre + 1 noix
1 petite carotte
4 échalotes
1 tige de céleri-branche
2 tranches de pain rassis
poivre du moulin
muscade

• Épluchez les pommes de terre et les navets,
et coupez-les en 4. Faites-les cuire dans de l'eau
bouillante salée pendant 30 mn. Passez-les
au presse-purée, puis mettez la purée dans
une passoire pendant 15 mn pour que l'excédent
d'eau s'écoule. Enfin, ajoutez-y le beurre.

• Préchauffez le four à th. 6/180 °C.

• Pelez la carotte et les échalotes, hachez-les
et faites-les revenir dans 3 c. à soupe de graisse
de canard prise autour des cuisses, pendant
15 mn sur feu doux.

• Retirez la graisse et la peau des cuisses,
désossez-les et hachez-les grossièrement au robot
ou au couteau. Salez, poivrez et saupoudrez
d'un peu de muscade.

• Mixez le pain à l'aide d'une moulinette
électrique. Beurrez 6 à 8 ramequins assez
larges, puis disposez une couche de confit,
répartissez les légumes revenus, puis terminez
par la purée. Saupoudrez de chapelure de pain
et faites cuire dans le four pendant 30 mn,
puis servez aussitôt.

*Vous pouvez cuire ce hachis dans un plat à
gratin et non dans des ramequins. Si le confit
vous semble sec, vous pouvez le mouiller dans
le plat avec 2 petites louches de bouillon de
bœuf frais ou reconstitué.*

hachis
Parmentier

pour 6 à 8 personnes
préparation 20 mn
cuisson 3 h + 1 h 15 mn

1,2 kg de plat de côtes
1 oignon piqué de 1 clou de girofle
1 carotte
1 bouquet garni
1 c. à soupe de gros sel
4 échalotes
10 grains de poivre
50 g de beurre + quelques noisettes
1/2 bouquet de persil frisé
4 c. à soupe de concentré de tomates
1 grosse boîte de tomates concassées au naturel
huile d'olive

pour la purée
1,5 kg de pommes de terre pour purée
1 verre de lait
10 cl de crème fleurette
50 g de beurre
poivre du moulin

• Quelques heures avant de préparer le hachis, faites bouillir 2,5 l d'eau dans un faitout, mettez la viande et écumez pendant 10 mn. Puis ajoutez l'oignon, la carotte, le bouquet garni, le sel, les grains de poivre, couvrez et laissez frémir pendant 3 h.

• Retirez du feu, laissez refroidir et dégraissez avant d'utiliser la viande et le bouillon.

• Au moment de réaliser le hachis, séparez la viande de l'os, coupez-la en morceaux et hachez-la grossièrement.

• Épluchez les pommes de terre, lavez-les et faites-les cuire 20 mn environ dans de l'eau bouillante salée.

• Pelez et émincez les échalotes, faites-les revenir à feu doux dans le beurre et un peu d'huile, jusqu'à ce qu'elles soient dorées, puis ajoutez la viande et le persil haché. Laissez la viande griller quelques minutes. Mouillez avec 1 louche de bouillon. Versez le concentré de tomates et les tomates concassées. Laissez réduire.

• Ensuite, effilochez la viande et mettez-la dans un plat à four beurré.

• Allumez le four à th. 6/180 °C.

• Égouttez les pommes de terre, passez-les au presse-purée ou écrasez-les. Ajoutez le lait et la crème jusqu'à la texture désirée, puis le beurre en morceaux.

• Salez, poivrez, étalez la purée sur la viande, dispersez quelques noisettes de beurre dessus et faites cuire dans le four pendant 45 mn, puis passez sous le gril 5 mn.

Vous pouvez utiliser toutes les viandes d'un reste de pot-au-feu, mais si vous n'en avez qu'une, ce doit être du plat de côtes qui a des os et donne un résultat plus savoureux.
N'hésitez pas à congeler le reste du bouillon dans des petits sachets. Ajouter un peu d'huile d'olive dans la purée pour la parfumer.

hachis Parmentier

hachis
et boulghour de légumes

pour 6 personnes
préparation 30 mn
cuisson 1 h 15 min

4 carottes
2 courgettes
1/2 boule de céleri-rave
1 poignée de petits épinards
1/2 chou vert
1 petite betterave crue
100 g de boulghour
huile d'olive

pour la purée
1,2 kg de pommes de terre à purée
2 carottes
2 c. à soupe bombées de crème fraîche épaisse
50 g de beurre + 1 noix
2 c. à soupe de persil haché
4 c. à soupe de pain dur mixé

• Épluchez tous les légumes et coupez-les en petits morceaux.

• Lavez-les et faites-les cuire à la vapeur, environ 15 mn, ou dans une casserole avec un peu d'eau, jusqu'à ce qu'ils soient tendres, environ 20 mn, puis égouttez-les.

• Préparez la purée : pelez les carottes et coupez-les en tronçons.

• Pelez les pommes de terre et coupez-les en 4. Rincez-les et faites-les cuire dans une grande casserole d'eau bouillante salée, environ 30 mn.

• Dans une autre casserole, faites cuire le boulghour en suivant le temps indiqué sur le sachet, 10 mn en général.

• Préchauffez le four à th. 6/180 °C et beurrez un plat à gratin.

• Mélangez le boulghour aux légumes et ajoutez 1 filet d'huile d'olive. Salez un peu, poivrez et étalez le mélange dans le fond du plat.

• Égouttez les carottes et les pommes de terre, puis passez-les au presse-purée. Ajoutez la crème fraîche et le beurre, puis étalez sur les légumes.

• Parsemez de chapelure et de persil haché, et faites cuire dans le four pendant 30 mn environ.

• Vous pouvez ensuite passer le plat sous le gril quelques minutes pour gratiner la surface.

Vous pouvez varier les légumes de cette recette, mais aussi les céréales : quinoa, millet, sarrasin, orge. Vous pouvez l'enrichir d'un peu de gruyère ou de parmesan râpés, ajoutés au dernier moment dans la purée.

parmentier
d'agneau à la polenta

pour 6 personnes
préparation 30 mn
cuisson 3 h 30 mn

1 épaule d'agneau
2 carottes
1 oignon
1 bâton de cannelle
1 pincée de cumin
quelques brins de thym
1 c. à soupe de concentré de tomates
250 g de polenta fine
40 cl de lait
300 g de crème fraîche
150 g de beurre
200 g de beaufort râpé
1 bouillon cube de volaille
10 cl d'huile d'olive
fleur de sel, grains de poivre

• Faites revenir l'épaule d'agneau de tous les côtés dans une cocotte avec l'huile d'olive. Ajoutez les carottes et l'oignon épluchés et émincés, le concentré de tomates, le thym, la cannelle et le cumin, salez, poivrez. Versez le bouillon cube dissous dans 1 verre d'eau bouillante. Couvrez et faites cuire au four 3 h à th. 4-5/140 °C.

• Préparez la polenta. Faites bouillir le lait dans une casserole à fond épais, versez la polenta, puis incorporez la crème et le beurre. Laissez cuire 20 mn à petit feu, en remuant régulièrement.

• Quand l'épaule est cuite et refroidie, désossez et effilochez la viande avec les doigts. Faites réduire au 1/3 le jus de cuisson.

• Incorporez 140 g de beaufort râpé à la polenta encore chaude. Étalez la moitié de cette préparation dans le fond d'un plat beurré, recouvrez avec la viande mélangée au jus de cuisson et terminez par le reste de polenta.

• Parsemez du reste de beaufort et faites cuire 30 mn à th. 6/180 °C.

Servez accompagné d'une salade verte de saison et de quelques cèpes poêlés. Si vous avez un bon bouillon de poule ou de pot-au-feu, utilisez-le à la place du lait pour faire cuire la polenta.

parmentier d'agneau à la polenta

hachis
de palette de porc
et patates douces

pour 8 à 10 personnes
préparation 20 mn
cuisson 3 h

1 palette de porc fraîche
2 oignons
2 tomates
2 gousses d'ail
huile d'olive
poivre du moulin
2 louches de bouillon de bœuf

pour la purée
2 patates douces (1 kg)
2 pommes de terre à purée
80 g de beurre
le jus d'1 citron vert
4 c. à soupe de chapelure
2 c. à soupe de persil
frisé haché

• Allumez le four th. 5/150 °C.

• Mettez la palette dans un plat et arrosez-la
d'huile d'olive. Salez et poivrez. Déposez autour
les oignons et l'ail pelés et émincés, puis
les tomates coupées en 4. Faites cuire dans
le four pendant 2 h 30. Retournez la viande
à mi-cuisson et arrosez-la avec le bouillon.

• Préparez la purée : un peu avant la fin
de la cuisson de la viande, épluchez les pommes
de terre et les patates douces. Coupez-les
en morceaux et faites-les cuire ensemble dans
de l'eau bouillante salée, pendant 30 mn environ.
Vérifiez la cuisson en piquant les légumes
avec la pointe d'un couteau.

• Égouttez-les et passez-les au presse-purée.
Ajoutez le beurre et le jus de citron, puis poivrez.

• Sortez le plat du four et augmentez le
thermostat à 6/180 °C.

• Effilochez la viande et étalez-la dans le plat
avec la sauce. Recouvrez de purée, saupoudrez
de chapelure et de persil, et faites cuire dans le
four pendant 30 mn.

Les pommes de terre donnent de la consistance
aux patates douces, qui contiennent trop d'eau.

parmentier
de poisson aux carottes

pour 4 personnes
préparation 25 mn
cuisson 25 mn

25 cl de lait
60 g de beurre
1 c. à soupe d'huile d'olive
4 pommes de terre bintje
2 carottes
2 c. à soupe de persil ciselé
4 filets de poisson sans arêtes
3 c. à soupe de chapelure

• Préchauffez le four à th. 7/210 °C.

• Lavez et pelez les pommes de terre et
les carottes. Découpez-les en morceaux et
faites-les cuire 10 mn à l'autocuiseur avec
un fond d'eau salée.

• Faites tiédir le lait avec 40 g de beurre, sans
le faire bouillir.

• Avec un moulin à légumes, écrasez les deux
légumes avec le lait tiédi. Mélangez pour obtenir
une purée rose. Ajoutez le persil ciselé.

• Huilez un plat à four et disposez les filets
de poisson dans le fond. Salez-les, poivrez,
et recouvrez-les de purée. Saupoudrez
de chapelure et parsemez de petits morceaux
de beurre.

• Enfournez le plat et laissez cuire environ
15 mn. Le dessus doit être légèrement doré et
craquant.

• Servez ce parmentier avec une salade verte
assaisonnée d'huile de colza et de vinaigre
balsamique.

*Pensez à stocker différents poissons dans votre
congélateur (dos de cabillaud, de colin,
de merlu). Enfournez les morceaux surgelés
15 mn seuls avant de les recouvrir de purée
et de poursuivre la cuisson.
Pour gagner du temps, utilisez de la purée
de carottes et de la purée de pommes de terre
surgelées.*

parmentier
de canard, pommes de terre, topinambours et truffe

pour 4 personnes
préparation 20 mn
cuisson 45 mn

4 cuisses de canard entières confites dans
la graisse de canard (soit environ 750 g)
400 g de pommes de terre à purée
400 g de topinambours
15 g de truffe noire en conserve
60 g de parmesan fraîchement râpé
85 g de beurre salé
20 cl de lait entier
1/2 bouquet de cerfeuil
poivre du moulin
1 cercle à pâtisserie de 24 cm

• Pelez les pommes de terre et les topinambours.
Lavez-les, coupez les pommes de terre
en morceaux et faites cuire ces deux légumes
séparément dans 2 casseroles d'eau bouillante
salée. Lavez, séchez et hachez-le cerfeuil.

• Ôtez le plus possible de graisse sur les cuisses
de canard, puis émiettez la chair en
la mélangeant avec le cerfeuil. Faites chauffer
le lait.

• Lorsque les légumes sont cuits, égouttez-les,
puis écrasez-les au presse-purée à gros trous,
en ajoutant petit à petit le lait chaud et 75 g
de beurre (ajoutez du lait jusqu'à ce que vous
obteniez une consistance souple, mais pas trop
liquide).

• Ajoutez la truffe coupée en fines lamelles, le jus
de truffe et 50 g de parmesan. Rectifiez
l'assaisonnement. Préchauffez le four
à th. 6/180 °C. Tapissez un plat creux
de papier sulfurisé.

• Badigeonnez la paroi intérieure du cercle
à pâtisserie de graisse de canard et tapissez-le
de papier sulfurisé. Posez le cercle en métal
dans le plat, puis tassez dans le fond la chair
de canard confite.

• Couvrez de purée, parsemez de petites
noisettes de beurre et de parmesan restant,
et enfournez environ 20 mn (ce parmentier est
déjà cuit, il s'agit de le dorer sans le dessécher).

• Sortez-le délicatement du plat en vous aidant
de la feuille de papier sulfurisé. Laissez la graisse
de canard au fond du plat. Posez le cercle dans
un plat de service, puis ôtez-le et décollez
le papier sulfurisé qui adhère au parmentier.

• Servez aussitôt avec une salade de jeunes
pousses un peu amères (betterave, roquette).

*Vous pouvez préparer ce parmentier la veille.
L'important étant de le réchauffer tout
doucement. S'il a passé la nuit au
réfrigérateur, augmentez le temps de 10 mn
et n'hésitez pas à le couvrir le premier quart
d'heure.*

parmentier
de courgettes

pour 4 personnes
préparation 15 mn
cuisson 35 mn

1 oignon
500 g de bœuf haché décongelé (4 steaks)
800 g de purée de courgettes surgelée
2 c. à soupe de basilic ciselé surgelé
3 c. à soupe de chapelure
20 g de beurre
2 c. à soupe d'huile d'olive

• Préchauffez le four sur th. 6/180 °C.

• Pelez et émincez l'oignon. Versez l'huile d'olive
dans une poêle antiadhésive et faites dorer
l'oignon 2 mn. Ajoutez la viande hachée
et faites cuire 8 mn en tournant souvent à l'aide
d'une fourchette pour l'émietter. Salez et poivrez.

• Pendant ce temps, versez la purée surgelée
dans un saladier et faites-la décongeler au
micro-ondes, comme indiqué sur le paquet
(5 mn environ). Ajoutez le basilic.

• Beurrez un plat à gratin. Versez la préparation
à la viande dedans et recouvrez de purée.
Parsemez le dessus de chapelure et de quelques
petits morceaux de beurre. Enfournez 25 mn
pour gratiner.

*Sortez la viande du congélateur le matin pour
le soir, et laissez-la décongeler dans le bas
du réfrigérateur ou à température ambiante.*

hachis
d'agneau aux deux céleris

pour 6 à 8 personnes
préparation 30 mn
cuisson 3 h

1 épaule d'agneau désossée
2 oignons
1 piment
1 bouquet de coriandre
huile d'olive
30 cl de bouillon de bœuf frais ou reconstitué
1 éclat de badiane (anis étoilé)
1 bâton de cannelle
1 boule de céleri-rave
1 grosse pomme de terre à purée
1 céleri-branche
50 cl de lait
10 cl de crème fleurette
poivre du moulin
50 g de beurre + 1 noix

• Pelez les oignons, émincez-les et faites-les revenir dans de l'huile d'olive dans une grande cocotte. Ajoutez la viande et faites-la dorer de tous les côtés sur feu moyen. Ajoutez le piment coupé en morceaux et la coriandre ciselée. Versez le bouillon de bœuf. Salez, poivrez, ajoutez les épices et faites cuire 2 h 30 à feu doux. Retournez la viande plusieurs fois au cours de la cuisson.

• Épluchez le céleri-rave et la pomme de terre, coupez-les en morceaux. Coupez la base du céleri-branche, retirez les feuilles et coupez les tiges en tronçons, puis lavez-les sous l'eau froide. Après 1 h 30 de cuisson de la viande, ajoutez le céleri-branche dans la cocotte.

• Faites cuire d'autre part le céleri-rave et la pomme de terre dans le lait coupé avec 50 cl d'eau, pendant 40 mn environ. Salez à mi-cuisson.

• Allumez le four à th. 6/180 °C et beurrez un plat à gratin.

• Passez le céleri-rave et la pomme de terre au presse-purée en ajoutant la crème, le beurre et un peu de jus de cuisson de la viande.

• Étalez une couche de purée de céleri dans le plat, ajoutez ensuite la viande effilochée avec un peu de sauce, puis terminez par une autre couche de purée. Déposez le céleri-branche égoutté sur le dessus de la purée.

• Faites cuire environ 30 mn dans le four, puis gratinez 5 mn à la fin.

Vous pouvez cuire la viande la veille.
Vous pouvez aussi intégrer les tronçons de céleri-branche entre la viande et la dernière couche de purée.

hachis
Parmentier d'agneau et purée violette

pour 6 personnes
préparation 20 mn
cuisson 1 h

1 belle épaule ou 2 plus petites coupées
en morceaux
1 carotte
1 branche de céleri
1 oignon
2 gousses d'ail
1 bouquet garni
30 cl de bouillon de volaille
huile d'olive

pour les pommes de terre violettes
1,5 kg de vitelottes
4 c. à soupe de crème fraîche
1 morceau de beurre

• Faites revenir les morceaux d'épaule dans
une cocotte avec un peu d'huile d'olive, jusqu'à
ce qu'ils soient bien colorés.

• Ajoutez l'oignon, l'ail, la carotte, le céleri pelés
et coupés en dés, laissez dorer quelques minutes,
puis mouillez avec le bouillon, ajoutez le bouquet
garni, salez, poivrez, couvrez et laissez cuire
40 mn.

• Faites cuire les vitelottes avec la peau dans
de l'eau bouillante salée pendant 15 à 20 mn.

• Pelez-les, passez-les au presse-purée avec
un peu d'eau de cuisson, puis ajoutez la crème
et le beurre, salez éventuellement et poivrez.

• Allumez le four sur th. 7/210 °C.

• Beurrez 6 plats individuels ou un plat plus
grand, répartissez l'agneau dedans, mettez
la purée par-dessus, ajoutez quelques noisettes
de beurre et passez au four 20 mn.

*Vous pouvez préparer ce plat à l'avance
et le passer au four 30 mn au dernier moment.
Vous pouvez faire cuire l'agneau plus
doucement et plus longtemps, environ 2 h,
il sera alors plus confit.*

hachis parmentier d'agneau et purée violette

.....
POUR CHANGER

tian
de légumes aux olives
et à la feta

pour 4 personnes
préparation 15 mn
cuisson 1 h

1 aubergine
2 courgettes
4 tomates
1 tête d'ail nouveau
1 oignon rouge
20 brins de thym
2 belles branches de romarin
1 tranche de feta
1 poignée d'olives violettes concassées
huile d'olive

• Allumez le four sur th. 6/180 °C.

• Lavez les légumes et taillez-les en gros morceaux.

• Coupez l'ail et l'oignon en rondelles.

• Mettez le tout dans un plat rectangulaire allant au four. Arrosez d'huile d'olive et mélangez sommairement.

• Disposez à la surface les brins de thym et de romarin sans trop les émietter. Glissez le plat dans le four.

• Au bout de 30 mn, ôtez le thym et le romarin, et arrosez de 1/4 de verre d'eau tiède.

• Ajoutez la feta coupée en cubes. Remettez au four 20 mn. Ajoutez les olives et laissez encore cuire 10 mn. Dégustez chaud ou froid.

tian
de légumes à
la méditerranéenne

pour 4 personnes
préparation 15 mn
cuisson 2 h

3 c. à soupe d'huile d'olive
1 oignon moyen découpé en rondelles
2 courgettes moyennes émincées en tranches
1 bouquet de basilic frais, haché
1 aubergine émincée en tranches
2 tomates coupées en 4
poivre du moulin

• Badigeonnez un plat à gratin d'huile d'olive.

• Mettez une couche d'oignon dans le plat.
Salez et poivrez.

• Couvrez avec les courgettes et arrosez
de 1 filet d'huile d'olive. Salez et poivrez.

• Couvrez avec le basilic et l'aubergine. Versez
de nouveau 1 filet d'huile d'olive. Salez
et poivrez.

• Couvrez avec les tomates et arrosez d'huile
d'olive. Salez et poivrez. Faites confire au four
à th. 4-5/135 °C, pendant 2 h.

parmigiane
d'artichauts

pour 4 personnes
préparation 30 mn
cuisson 30 mn

8 fonds d'artichauts
2 oignons violets
4 c. à soupe de coulis de tomates
1 mozzarelle de bufflonne
75 g de parmesan râpé
15 cl de crème fraîche
8 c. à soupe d'huile d'olive
4 feuilles de sauge

• Émincez les fonds d'artichauts en 3 tranches
dans l'épaisseur. Faites frire ces tranches dans
une poêle avec 6 c. à soupe d'huile d'olive.
Égouttez sur du papier absorbant.

• Épluchez, émincez les oignons et faites-les
dorer dans le restant d'huile d'olive, avec les
feuilles de sauge. Mélangez le coulis de tomates
avec la crème fraîche.

• Dans un plat, étalez les oignons revenus.
Disposez par-dessus la moitié des tranches
d'artichauts, recouvrez de la moitié de la crème
à la tomate et de la moitié de la mozzarelle
coupée en lamelles, saupoudrez de parmesan.
Recommencez l'opération, artichauts, sauce,
mozzarelle, et terminez par une bonne couche
de parmesan. Faites gratiner au four
à th. 6-7/200 °C pendant 20 mn.

*Ce plat fut dédié aux princes de Parme
par les Napolitains sous le règne des
Bourbons. Si vous utilisez des fonds
d'artichauts en conserve, donc déjà cuits,
diminuez le temps de friture de moitié.*

brandade
à la nîmoise

pour 6 personnes
préparation 15 mn
trempage 12 h
cuisson 20 mn

1 kg de filets de morue
20 cl de lait
20 cl d'huile d'olive
poivre du moulin

• Faites dessaler les filets de morue
pendant 12 h.

• Égouttez-les et déposez-les dans une casserole.
Couvrez d'eau froide et portez lentement à
ébullition, puis baissez le feu et laissez pocher à
tous petits frémissements pendant 10 mn environ.
Égouttez à nouveau la morue, effeuillez-la dans
un plat creux et retirez les arêtes s'il en reste.

• Écrasez grossièrement la morue dans un mortier
à l'aide d'un pilon ou d'une cuillère en bois.
Faites tiédir le lait et l'huile d'olive. Puis
incorporez-les alternativement à la morue, en
travaillant énergiquement le mélange avec une
cuillère en bois.

• Poivrez et servez la brandade brûlante ou
tiède, en ajoutant éventuellement des olives.

brandade
à la marseillaise

pour 6 personnes
préparation 15 mn
cuisson 20 mn

3 gousses d'ail
le jus de 1 citron

• Prenez les mêmes bases que pour la brandade
nîmoise, mais ajoutez 3 gousses d'ail écrasées
à la chair du poisson avant d'incorporer l'huile
et le lait. Terminez de mélanger avec le jus
de 1 citron.

tian
d'aubergines au basilic

pour 4 personnes
préparation 15 mn
cuisson 45 mn

3 aubergines
1 gousse d'ail
50 cl de bon coulis de tomates
50 g de parmesan râpé
50 g de comté râpé
1 bouquet de basilic
1 c. à soupe d'huile d'olive

• Préchauffez le four à th. 6/180 °C.

• Lavez, essuyez et coupez les aubergines
en tranches. Plongez-les dans une casserole
d'eau bouillante salée et faites-les blanchir 3 mn.
Égouttez-les et séchez-les avec du papier
absorbant.

• Frottez un plat à four avec la gousse d'ail
pelée. Disposez les tranches d'aubergines
et le coulis de tomates en alternant une couche
d'aubergines, une couche de coulis… et finissez
par le coulis.

• Mélangez dans un grand bol le parmesan
râpé, le comté râpé, du poivre et le basilic
ciselé. Répartissez ce mélange sur le dessus
du plat.

• Arrosez d'huile d'olive, enfournez et faites cuire
40 mn environ. Le dessus doit être bien doré.

• Servez en accompagnement d'une viande grillée.

tian
de légumes

pour 4 personnes
préparation 15 mn
cuisson 40 mn

200 g de courgettes
350 g de tomates
250 g d'aubergines
3 oignons blancs
1 c. à café de fleur de thym
2 ou 3 feuilles de laurier frais
1 gousse d'ail
2 c.à soupe d'huile d'olive

• Lavez les légumes. À l'aide d'un économe,
épluchez les courgettes et les aubergines
en laissant des bandes de peau. Épluchez
les oignons. Coupez les légumes et les oignons
en rondelles fines (2 mm environ).

• Coupez les tomates non pelées en rondelles
plus épaisses (5 mm environ).

• Dans un plat allant au four préalablement
huilé, disposez les légumes sur la tranche
en alternant les tomates, les courgettes,
les oignons et les aubergines.

• Arrosez d'huile d'olive, puis parsemez de fleur
de thym, de laurier et d'ail. Salez et poivrez.

• Mettez au four préchauffé à th. 6-7/200 °C.
Recouvrez le plat d'une feuille de papier
aluminium. Laissez confire 40 mn environ.

• Retirez l'aluminium 15 mn avant la fin
de la cuisson.

tian de légumes

parmigiane
aux anchois

pour 4 personnes
préparation 40 mn
cuisson 45 mn

4 aubergines
3 oignons moyens
20 cl de coulis de tomates
2 mozzarelles
6 filets d'anchois
75 g de parmesan râpé
5 c. + 3 c. à soupe d'huile d'olive
4 brins de thym
2 brins de romarin

• Lavez les aubergines et coupez-les en tranches dans le sens de la longueur. Saupoudrez-les de sel et laissez-les dégorger 30 mn.

• Essuyez les tranches avec du papier absorbant. Faites-les frire des deux côtés, dans 5 c. à soupe d'huile d'olive, jusqu'à ce qu'elles soient dorées. Égouttez-les à nouveau avec du papier absorbant.

• Hachez grossièrement les filets d'anchois.

• Épluchez et émincez les oignons, et faites-les blondir dans 3 c. à soupe d'huile d'olive avec le thym et de romarin.

• Préchauffez le four à th. 6/180 °C.

• Étalez dans un plat rectangulaire une couche d'oignons. Disposez par-dessus une couche d'aubergine, une couche de mozzarelle tranchée et étalez un peu d'anchois. Salez peu, poivrez et recouvrez de coulis de tomates. Recommencez l'opération en terminant par du coulis.

• Saupoudrez de parmesan. Faites cuire au four 30 mn, jusqu'à ce que la surface soit gratinée. Servez aussitôt.

Servez ce plat nature ou accompagné de tagliatelles cuites à l'eau. Vous pouvez supprimer les anchois si vous ne les aimez pas.

parmigiane aux anchois

pie d'agneau
aux petits légumes verts

pour 6 à 8 personnes
préparation 20 mn
cuisson 1 h 15 mn

1 gigot désossé et dégraissé coupé en petits dés
250 g de petits pois écossés
1 grosse poignée d'épinards
2 courgettes
200 g de pois gourmands ou de cocos plats
40 g de beurre
2 c. à soupe d'huile d'olive
2 oignons
2 gousses d'ail
1 c. à soupe de poudre de chili
poivre du moulin
1 pâte feuilletée prête à l'emploi
1 œuf

• Demandez au boucher de couper la viande en petits dés, en enlevant le plus de gras possible. Faites revenir la viande dans une cocotte dans un mélange beurre et huile chauds. Ajoutez les oignons et l'ail émincés, la poudre de chili et laissez dorer un peu en remuant régulièrement.

• Allumez le four à th. 6/180 °C. Beurrez un plat (ou plusieurs ramequins individuells).

• Préparez les légumes : lavez-les, égouttez-les. Coupez les courgettes en dés, les pois gourmands en morceaux, les épinards en lanières. Retirez la viande de la cocotte, réservez-la et mettez les légumes à la place, avec 2 verres d'eau (25 cl). Faites cuire pendant 10 mn sur feu moyen, puis remettez la viande, ajoutez éventuellement un peu d'eau pour avoir du jus. Salez et poivrez.

• Versez l'ensemble dans le plat (ou les ramequins). Humidifiez le bord du plat avec un peu d'eau, posez la pâte feuilletée dessus et appuyez du bout des doigts pour la faire adhérer sur les bords. Découpez le surplus. Badigeonnez-la entièrement d'œuf battu et faites une cheminée au centre. Mettez le plat au four pour 1 h environ.

Vous pouvez mettre tous les ingrédients crus dans le plat avec du bouillon de viande, comme le font les Anglais ; posez la pâte dessus et faites cuire dans ce cas pendant 1 h 30 à 1 h 45. Vous aurez alors une viande cuite au bouillon.

pie d'agneau aux petits légumes verts

pies de poulet,
poireaux et gingembre

pour 6 personnes
préparation 20 mn
cuisson 1 h 15 mn
repos 2 h

6 cuisses de poulet sans peau et désossées
1 gros morceau de gingembre
4 poireaux
2 oignons
2 gousses d'ail
40 g de beurre
1 c. à café de quatre-épices
1 petit piment rouge
1 filet d'huile d'olive
8 c. à soupe de sauce soja Kikkoman
1 œuf

pour la pâte
250 g de farine
1 œuf
150 g de beurre
1 c. à café de sucre
6 c. à soupe de lait

• Coupez le poulet en petits dés.

• Préparez la pâte : dans le bol d'un robot, mettez la farine, le beurre en morceaux, le sucre et 2 pincées de sel, puis mixez jusqu'à ce que le mélange soit sableux. Ajoutez l'œuf et le lait, et mixez par à-coups, jusqu'à ce que la pâte forme une boule. Enveloppez-la de film alimentaire et réservez au frais.

• Mettez les morceaux de poulet dans une jatte avec le gingembre pelé et râpé, l'ail et les oignons émincés. Arrosez d'huile d'olive et de sauce soja. Salez, poivrez et ajoutez les épices et le piment.

• Faites chauffer le beurre dans une poêle et faites revenir l'ensemble sur feu moyen.

• Pendant ce temps, coupez les poireaux en rondelles, lavez-les, égouttez-les et ajoutez-les dans la poêle. Remuez quelques instants sur feu plus vif, puis laissez reposer.

• Préchauffez le four à th. 6/180 °C. Beurrez 6 ramequins.

• Étalez la pâte sur le plan de travail fariné et découpez 6 cercles avec un bol retourné.

• Répartissez le mélange au poulet dans le fond des ramequins. Versez 1 verre d'eau bouillante dans la poêle pour récupérer du jus et versez-le sur le poulet. Mouillez le bord des ramequins du bout du doigt, posez la pâte et appuyez un peu pour la faire adhérer. Faites une cheminée au milieu, badigeonnez la surface avec l'œuf battu et faites cuire dans le four 40 mn.

Vous pouvez utiliser une pâte brisée toute prête et remplacer les cuisses de poulet par des blancs fermiers.

····

POUR ACCOMPAGNER

boulettes
de veau aux herbes

pour 6 personnes
préparation 20 mn
cuisson 30 mn

400 g à 500 g de veau grossièrement haché
1 bouquet de cerfeuil
1 bouquet de coriandre
1 œuf
2 c. à soupe de chapelure
1 gousse d'ail
1 oignon frais avec la tige ou 1/2 oignon rouge
piment de Cayenne
huile d'olive

• Pelez l'oignon et l'ail, lavez les herbes et retirez les tiges au maximum, mettez-les dans le bol d'un robot avec le veau haché. Mixez par à-coups jusqu'à ce que les ingrédients soient réduits en miettes, ajoutez l'œuf entier, la chapelure, du sel, du poivre, un peu de piment, puis mixez encore pour amalgamer les ingrédients.

• À l'aide d'une petite cuillère, prélevez un peu du mélange et façonnez des boulettes jusqu'à épuisement des ingrédients. Déposez-les au fur et à mesure dans un plat légèrement huilé, arrosez-les de 1 mince filet d'huile d'olive, ajoutez 1 verre d'eau ou de bouillon et faites-les cuire dans le four à th. 5-6/160 °C pendant environ 30 mn.

Vous pouvez aussi faire revenir les boulettes dans une poêle, puis, quand elles sont dorées, ajouter un peu d'eau et poursuivre la cuisson plus doucement. Vous pouvez disposer les boulettes 3 par 3 sur des brochettes en bois que vous aurez fait tremper dans l'eau pendant 1 h pour ne pas qu'elles brûlent dans le four. Vous pouvez aussi les faire cuire dans une sauce tomate.

blancs
de poulet panés

pour 4 personnes
préparation 10 mn
cuisson 10 mn

4 blancs de poulet
75 g de couscous (semoule fine)
20 g de beurre
1/2 c. à café de paprika
1 pointe de couteau de piment d'Espelette
4 c. à soupe de farine
1 œuf
2 c. à soupe d'huile d'olive
2 c. à soupe de graines de sésame
1 gousse d'ail
1 c. à soupe de jus de citron
sel

• Dans un bol, mouillez à hauteur 75 g de
couscous (semoule fine) avec de l'eau bouillante
salée. Laissez gonfler 5 mn, malaxez avec
les mains en ajoutant le beurre.

• Ajoutez le paprika et le piment d'Espelette.
Salez.

• Mettre la farine dans une assiette, l'œuf battu
dans une deuxième assiette et le couscous dans
une troisième.

• Passez les blancs de poulet un par un dans
la farine, puis dans l'œuf battu et enfin
dans le couscous.

• Faites chauffer l'huile d'olive dans une grande
poêle antiadhésive et faites cuire les blancs de
poulet pendant 5 à 7 mn de chaque côté.

• Pendant ce temps, faites dorer les graines
de sésame dans une poêle antiadhésive.

• Ajoutez la gousse d'ail écrasée et le jus
de citron. Parsemez de sésame doré.

escalopes
à la milanaise

pour 4 personnes
préparation 10 mn
cuisson 10 mn

4 belles escalopes fines
(d'environ 150 g chacune)
1 jaune d'œuf
1 œuf entier
chapelure
2 c. à soupe d'huile d'olive
40 g de beurre
1 citron vert ou jaune
1 botte de ciboulette
poivre du moulin

• Lavez, séchez et ciselez la ciboulette.

• Fouettez le jaune et l'œuf entier dans une assiette creuse, avec un peu de sel et de poivre.

• Étalez la chapelure sur une grande assiette.

• Trempez 1 escalope dans les œufs battus, puis posez-la sur l'assiette couverte de chapelure. Tapotez-la du bout des doigts pour que la chapelure adhère à l'œuf battu, puis retournez-la délicatement et recommencez la même opération.

• Posez ensuite cette escalope panée sur une seconde assiette.

• Procédez ainsi pour les 3 autres escalopes.

• Faites chauffer doucement le beurre et l'huile d'olive dans une sauteuse antiadhésive, puis déposez les escalopes panées. Laissez-les dorer à feu modéré 5 mn, puis retournez-les délicatement et poursuivez la cuisson 5 mn. Le feu ne doit pas être trop fort au risque de brûler la chapelure avant de cuire les escalopes. Il ne doit pas être trop faible, non plus, car les escalopes doivent être saisies.

• Servez les escalopes croustillantes avec de la ciboulette ciselée et 1/4 citron, que chacun pressera à sa guise.

Mélangez un peu de parmesan finement râpé à la chapelure et servez les escalopes avec des tagliatelles à la tomate fraîche.

faux-filet
mariné et grillé

pour 4 personnes
préparation 20 mn
marinade 6 h
cuisson 3 à 4 mn

2 tranches épaisses de faux-filet
de 500 g chacune
50 cl de vin rouge
2 gousses d'ail
20 g de gingembre frais
1 c. à café de cinq-épices chinois
1 petit bouquet garni
1/2 c. à café de grains de poivre
40 g de beurre en petits morceaux

• Préparez la marinade : pressez l'ail et
le gingembre pelés dans un plat creux.

• Ajoutez le vin, le bouquet garni, le cinq-épices,
le poivre écrasé, et les tranches de faux-filet
par-dessus. Couvrez de film alimentaire et laissez
mariner 6 h en retournant la viande de temps
à autre.

• Préparez la viande : égouttez-la et séchez-la.
Prélevez la moitié de la marinade en la filtrant,
et faites-la réduire à feu doux.

• Faites chauffer un gril à viande antiadhésif
et posez dessus les tranches de faux-filet.
Faites cuire 3 à 4 mn de chaque côté,
puis laissez-les reposer 5 mn, emballées dans
une feuille de papier aluminium.

• Pendant ce temps, préparez la sauce :
sur un feu doux, fouettez la marinade réduite
en ajoutant petit à petit le beurre bien froid.
Salez et poivrez.

• Coupez chaque tranche de faux-filet en 2
et servez aussitôt avec la sauce au vin.

salade
de pousses d'épinards
à l'italienne

pour 4 personnes
préparation 5 mn

4 poignées de pousses d'épinards
4 branches de tomates-cerises
2 c. à soupe de câpres
2 échalotes
3 c. à soupe d'huile d'olive
1 c. à soupe de vinaigres de vin rouge
et balsamique mélangés
sel Herbamare aux herbes
poivre du moulin

• Lavez les pousses d'épinards sous l'eau
courante et séchez-les délicatement.

• Lavez les tomates-cerises et coupez-les en 2.

• Épluchez les échalotes et hachez-les.

• Émulsionnez l'huile, les vinaigres, le sel
aux herbes, les échalotes hachées et du poivre
pour faire la sauce.

• Mélangez les pousses d'épinards, les tomates-
cerises et les câpres avec la sauce et servez.

mesclun
aux herbes et aux oranges

pour 6 personnes
préparation 10 mn

150 g de mesclun ou de jeunes pousses
100 g de haricots verts extra-fins
2 oranges
8 brins de cerfeuil
8 brins de ciboulette

pour la sauce
1 c. soupe de vinaigre balsamique
1 c. à soupe de jus d'orange
2 c. à soupe d'huile d'olive

• Triez et nettoyez soigneusement le mesclun.

• Faites cuire les haricots verts extra-fins 7 mn
dans une casserole d'eau bouillante salée.

• Pelez les oranges à vif et détachez les quartiers
de leurs membranes.

• Préparez la sauce dans un bol en mélangeant
tous les ingrédients.

• Dans un saladier, mélangez les feuilles
de salade, les herbes ciselées et les haricots verts.

• Au moment de servir, incorporez la vinaigrette,
mélangez.

• Ajoutez les quartiers d'oranges à la fin et
mélangez très délicatement pour ne pas écraser
la salade.

salade
de fleurs et légumes croquants

pour 6 personnes
préparation 15 mn

200 g de mesclun
50 g de pourpier
1 carotte
quelques radis
1 citron
1/2 betterave rouge
1/2 bulbe de fenouil
1 dizaine de fleurs comestibles (souci, capucine,
bourrache, ail, courgette, etc.)
10 c. à soupe d'huile d'olive fruitée

• Triez et lavez soigneusement le mesclun
et le pourpier.

• Épluchez les légumes et émincez-les avec
un économe ou une mandoline.

• Pressez le citron et mélangez le jus avec
5 c. à soupe d'huile d'olive.

• Mélangez, salez, poivrez, puis rajoutez le reste
d'huile d'olive.

• Dans un saladier, disposez les légumes émincés
avec le mesclun et le pourpier.

• Parsemez le mélange de fleurs.

• Servez la vinaigrette à part.

salade
de scarole, poires et roquefort

pour 6 personnes
préparation 20 mn

1 grande scarole
3 grosses poires bien mûres
200 g de roquefort
le jus de 2 citrons
1 c. à café de moutarde
4 c. à soupe d'huile d'olive

• Lavez et essorez la salade.

• Épluchez les poires et roulez-les dans le jus de citron pour qu'elles ne brunissent pas. Détaillez-les en tranches et remettez les dans le jus de citron. Faites une vinaigrette avec l'huile, la moutarde, du sel et du poivre.

• Avant de servir, tournez la salade dans la vinaigrette et servez-la avec des tranches fines de roquefort et de poires.

salade de scarole, poires et roquefort

LES RECETTES PAR INGRÉDIENTS

VOLAILLES

POMME DE TERRE

LÉGUMES DU SOLEIL

POISSONS

AUTRES

TABLE DES MATIÈRES

CRUMBLES ET CLAFOUTIS

GRATINS

HACHIS

POUR CHANGER

POUR ACCOMPAGNER

Édité par : Éditions Glénat
Les marques ELLE® et À TABLE™ sont la propriété de Hachette Filipacchi Presse
© ELLE à table est un magazine publié par Hachette Filipacchi Associés
© Éditions Glénat pour l'adaptation, MMX

Services éditoriaux et commerciaux :
Éditions Glénat – 39, rue du Gouverneur-Général-Éboué
92130 Issy-les-Moulineaux

CRÉDITS PHOTOGRAPHIQUES
Couverture : J. Bilic
Intérieur : J. C. Amiel : 19 ; 25 ; 28 ; 31 ; 48 ; 53 ; 55 ; 57 ; 61 ; 62 ; 65 ;
82 ; 92 ; 111 ; 113 ; 114 ; 117 ; 121 ; 122 ; 128 ; 131 ; 138 ; 151 ;
152 ; 155 ; 157. Y. Bagros : 32. J. Bilic : 36 ; 39 ; 41 ; 43 ; 44 ; 47 ; 51 ;
81 ; 84. J.C. Amiel/Sucré Salé : 145 ; 147 ; 102 ; 106 ; 97 ; 99 ; 135 ;
136 ; 141 ; 148 ; 158 ; 159. J. Bilic/Sucré Salé : 5. G. Bouchet : 91.
J. Cazals : 79. Duronsoy Y. : 24. O. Gachen : 71. F. Hammond : 16 ; 23 ; 69 ;
73 ; 74 ; 105. J. B. Hall : 27 ; 76 ; 124. A. Ida : 13 ; 34. J. Laitier : 133.
B. Norris : 86. Riou/Sucré Salé : 6 ; 8. M. Roulier : 88. J. Bilic/Sucré Salé : 101.
M. Roulier/Turiot/Sucré Salé : 4. E. Sicot : 14 ; 58 ; 67 ; 95 ; 118 ; 126 ;
142 ; 156. N. Tosi : 109.

RÉALISATION DES RECETTES
N. Arnoult : 143. M. Beilin : 16 ; 29 d ; 70 ; 127 ; 146 ; 149. S. Giacobetti :
21 d ; 29 g ; 30 g ; 52 ; 56 ; 59 g ; 60 ; 62 ; 64 g ; 68 ; 73 ; 75 g ; 75
d ; 83 ; 108 ; 112 ; 120 ; 123 ; 129 ; 130 ; 150 ; 153 ; 154. N. Le Foll :
12 ; 26 ; 35 ; 90. M. Leteuré : 21 g ; 37 ; 38 ; 40 ; 42 ; 45 ; 46 ; 50 ; 80 ;
85 ; 100 ; 103 ; 107 ; 96 ; 99 ; 115 ; 118 ; 134 ; 137 ; 140. V. Lhomme :
30 d ; 33 ; 54 ; 59 d ; 66 ; 110 ; 164. P. Marquet : 64 d. D. de Montalier :
77 ; 87 ; 125. L. Mouton : 132. E. Pauly : 104. E. Scotto : 22 ; 24 ; 94.
A. Zilli : 78.

REMERCIEMENTS
ELLE à table : Bruno Lesoüef, directeur des publications ; Philippe Khyr, éditeur ;
Valérie Meyer-Cazeaux, directrice déléguée ; Sandrine Giacobetti, directrice de
la rédaction ; Hélène Mallein, secrétaire de rédaction ; Hélène Morch-Bernard,
assistante de rédaction ; Valérie Demachy, direction artistique ; Sylvie Garnier,
photothèque.

Produits d'édition : Jérôme Pébereau ; Anne-Françoise Bédhet ; Mairead Audisio ;
Sabine Beausseron ; Isabella Tomesco ; Dalila Zein ; Mohamed Slama ;
Hélène Taburet, stagiaire.

Et tous les fidèles collaborateurs de ELLE à table.

Éditions Glénat : David Kings ; Rozenn Dupuy d'Angeac ; Estelle Matha.

RÉALISATION
Copyright

PRÉ-PRESSE ET FABRICATION
Glénat Production

Dépôt légal : octobre 2010
ISBN : 978-2-7234-7799-4
Le papier utilisé pour la réalisation de ce livre provient de forêts gérées de manière
durable.